S E C R E T O S

de la

V I D

Ábrase paso a la abundancia

B R U C E
W I L K I N S O N

CON DAVID KOPP

Publicado por Editorial Unilit
Miami, Fl. 33172
Derechos reservados
© 2001 Editorial Unilit (Spanish translation)
Primera edición 2001

© 2001 by Bruce Wilkinson (© 2001 por Bruce Wilkinson)
Originally published in English under the title: *Secrets of the Vine*
Published by Multnomah Publishers, Inc.
204 W. Adams Avenue, P. O. Box 1720
Sisters, Oregon 97759 USA
All rights reserved.
Originalmente publicado en inglés con el título: *Secrets of the Vine*
por Multnomah Publishers, Inc.

Todos los derechos de publicación con excepción del idioma inglés son
contratados exclusivamente por Gospel Literature International.
(All non-English rights are contracted through: Gospel Literature
International
P. O. Box 4060, Ontario, CA 91761-1003, USA.)

Diseño de la cubierta: David Carlson Design
Fotografía de la cubierta: Corbis
Ilustraciones interiores: Vicki Shuck

Traducido al español por: Andrés Carrodeguas
Citas tomadas de la Santa Biblia, revisión 1960
© Sociedades Bíblicas Unidas. Usada con permiso.

Producto 495238
ISBN 0-7899-0987-1
ISBN 978-0-7899-0987-9
Impreso en Colombia
Printed in Colombia

Contenido

Para los discípulos que alguna vez se han preguntado si no tendrán derecho por herencia a una vida de extraordinaria abundancia.

A mi amigo y compañero escritor David Kopp, y a nuestra editora auxiliar, Heather Harpham Kopp, mi sincera gratitud por las habilidades y el amor que han puesto en este libro. Es un gozo trabajar con ustedes dos.

A Don Jacobson y todo el equipo de publicación de Multnomah. Estoy muy agradecido de haberlos conocido y trabajar con ustedes. Les deseo que se regocijen mientras el fruto de su ministerio se extiende por todo el mundo para Cristo.

Prefacio

Estimado lector:

La abundancia —ese hermoso desbordamiento de valores genuinos en la vida de una persona— es exactamente aquello para lo que nacimos usted y yo. No en balde la anhelamos tan profundamente. Sin embargo, millones de cristianos se conforman con menos, porque no comprenden las formas que tiene Dios de producirlas, y se resisten ante ellas.

En *La oración de Jabes,* les señalé a los lectores cómo pedir una vida de impacto e importancia abundantes para Dios. En *Secretos de la vid* les quiero mostrar cómo obra Dios en nuestra vida para responder a esa oración, y qué podemos hacer para cooperar con Él en hacer que se convierta en realidad. Le sorprenderá descubrir lo mucho que Dios *quiere* la abundancia para usted. Y se sentirá aliviado al saber que nunca tendrá que volver a interpretar incorrectamente sus caminos en su vida.

Por eso lo invito a leer este librito con el corazón abierto y una gran esperanza.

Sinceramente,
Bruce Wilkinson

1

HISTORIAS DE LA VIÑA

*H*a estado alguna vez con alguien muy cercano a usted que está a punto de morir; alguien que lo ama y le quiere dejar unas últimas palabras?

"Acércate". Y usted se inclina hacia él, esforzándose para escuchar.

"Te quiero decir algo. He esperado hasta ahora... pero ya no puedo seguir esperando".

Usted sabe que va a recordar todas y cada una de esas palabras durante el resto de su vida.

Imagínese ahora que esa persona que está a punto de hablarle es Jesús. ¿Con cuánta atención lo escucharía? ¿Por cuánto tiempo y con cuánta profundidad meditaría sobre las últimas palabras que le dijo el Señor?

En las próximas páginas lo invito a un encuentro, tal vez el primero, con las palabras de Jesús en Juan 15: el corazón de su mensaje final a sus discípulos la misma noche en que fue traicionado. Antes que atardeciera el día siguiente, Jesús estaría extendido sobre una cruz, desnudo y con el cuerpo traspasado, mientras se le iba la vida.

Él sabía que las palabras que dijera aquella noche harían eco en la memoria de sus amigos durante años. Con el tiempo, la verdad de su "conversación en el lecho de muerte" los llevaría a una manera totalmente nueva de pensar. Estas palabras finales son tan poco comprendidas hoy, que las he llamado "secretos", pero estoy convencido de que el propósito de Jesús era que estuviera claro su significado. El tiempo de las parábolas y los significados escondidos había pasado. Él quería que durante generaciones, todos sus seguidores llegaran a saber con exactitud cómo llevar una vida desbordante, y comprender lo que Dios haría para convertirla en una realidad.

Estas palabras finales son tan poco comprendidas hoy, que las he llamado "secretos".

Observe cómo el Salvador escoge con cuidado y ternura el momento para hablar.

Noche del jueves, escaleras arriba

Si hace tiempo que usted es cristiano, es probable que haya oído hablar mucho del aposento alto, el escenario de esa cena culminante que tuvo Jesús con sus discípulos. Entonces, se podrá imaginar con facilidad a aquellos hombres alrededor de la mesa, reclinados sobre cojines, con el rostro vuelto hacia el Maestro. Puede escuchar las conversaciones en voz baja. Puede oler el aroma del pan recién horneado, del cordero asado y las cebollas.

Es la noche anterior a la Pascua, el día en que la nación judía conmemora la forma en que escapó de la esclavitud en Egipto. Centenares de miles han acudido a Jerusalén para celebrar, y este año más que nunca, se escuchan rumores por toda la ciudad acerca del Mesías. Varios profetas han predicho que en un día como éste, llegará el Mesías a libertar a Israel para siempre de todos sus opresores.

Pero los hombres reclinados alrededor de la mesa saben algo que no saben las multitudes de fuera. El Mesías ya se encuentra allí. Está allí, con ellos, en esa habitación.

Los discípulos han pasado tres años con Él, y han llegado uno por uno a la misma conclusión: Jesús de Nazaret es el Mesías, aquel que vale la pena arriesgarlo todo por seguirlo. De hecho, están tan seguros de la forma en que se van a desarrollar los hechos en la semana de Pascua, que se han pasado gran parte del viaje desde Galilea discutiendo acerca de quién va a recibir cuál puesto de honor en el nuevo reino.

Comienza la cena.

Pedro, pásame el cordero.

Oye, Jacobo, vamos temprano al Templo. No me quiero perder cuando vengan diez mil ángeles a darles una lección a las legiones romanas.

¡Psst, Mateo! Yo diría que tus preocupaciones por el dinero están a punto de pasar a la historia.

Los discípulos esperan que estas horas entre amigos, iluminadas por lámparas en aquel aposento alto, sigan hasta entrada la noche, conmovedora pero pacífica, llena de brindis por los buenos años que van a venir. Pero las cosas comienzan a cambiar.

El cambio

El apóstol Juan recoge el momento exacto en que cambió su estado de ánimo:

> *Y cuando cenaban... Jesús... se levantó de la cena, y se quitó su manto, y tomando una toalla, se la ciñó. Luego puso agua en un lebrillo, y comenzó a lavar los pies de los discípulos, y a enjugarlos con la toalla con que estaba ceñido.* (Juan 13:2-5)

Espantados, aquellos hombres solo pueden observar avergonzados mientras el Mesías les quita la mugre de entre los dedos de los pies. El agua salpica en el recipiente. Los discípulos se mueven nerviosos, sin atreverse a hablar. ¿Por qué el rey de mañana se comporta como un criado esta noche?

Empeoran las cosas. "De cierto, de cierto os digo, que uno de vosotros me va a entregar", anuncia Jesús (v. 21). Aquellos hombres asombrados miran alrededor de su círculo. Entonces viene el remate. Jesús le dice a Pedro que antes que salga el sol, lo habrá negado a Él, a su Señor, tres veces. Comienzan a darse cuenta de algo: Toda su misión está condenada al fracaso.

Por supuesto, Jesús les ha estado tratando de decir durante meses que su cita en Jerusalén es con una cruz, y no con un trono. Pero sus advertencias han estado mezcladas con predicciones de que el Mesías está a punto de regresar en poder y gloria, y los discípulos han escuchado lo que ellos han querido oír.

Pero esta noche, Jesús los despoja de sus últimas esperanzas. "Todavía un poco, y el mundo no me verá más", dice, "pero vosotros me veréis". Esto anula la posibilidad de un triunfo público.

Jesús sigue adelante. El golpe final suena como si aceptara el triunfo de su enemigo: "No hablaré ya mucho con vosotros; porque viene el príncipe de este mundo". Eso solo puede significar una cosa: Jesús *no es* el gobernante, y *no* será el rey.

Veo ahora la angustia dibujada en el rostro de los discípulos. Escuche conmigo las palabras de Jesús. Fuera de contexto parecen serenas; casi llenas de esperanza. Pero en la crisis de aquella habitación, cada frase refleja la devastación emocional de sus hombres. Escuche las palabras de Él... y después observe sus rostros:

Lo miran incrédulos, desconfiados y temerosos.

Hijitos... Ellos se sienten pequeños y débiles.

Yo os he amado... Lo miran incrédulos, desconfiados y temerosos.

No se turbe vuestro corazón... Se están hundiendo en la ansiedad y el temor.

No os dejaré huérfanos... Se están desplomando ante Él como niños abandonados, indefensos ante un mundo hostil.

Termina la noche en el aposento alto. Terminan las preguntas. En medio del silencio, Jesús dice: "Levantaos, vamos de aquí" (Juan 14:31).

Luz en la viña

Once hombres abatidos siguen a Jesús escaleras abajo y salen al fresco aire de la noche. Algunos de los discípulos llevan lámparas o antorchas encendidas para iluminar el camino. Tal vez Jesús les dice a dónde se dirige: va a un huerto del monte de los Olivos donde ellos van con frecuencia. Tal vez ya lo saben. Pero yo creo que, mientras se oye el eco de sus pasos por las estrechas callejuelas, no pronuncian ni una sola palabra.

Los discípulos siguen a Jesús colina abajo, por las retorcidas calles de Jerusalén. Evitando el monte del Templo y sus ruidosas multitudes en fiesta, Jesús gira a la derecha y sale con ellos fuera de la ciudad. Después hacen un brusco giro a la izquierda para seguir hacia arriba el valle de Cedrón hasta su lugar de destino.

A lo largo de las terrazas que siguen la curva del valle, pasan por viejos viñedos. Caminan en una sola fila entre hileras de vides cuidadosamente atendidas; plantas que han estado dando fruto durante generaciones. Por encima de ellos, a su izquierda, se alzan los muros de la ciudad y las rampas del Templo. Enfrente, y a la derecha, se alza el monte de los Olivos, donde les esperan el Getsemaní y la traición.

Jesús se detiene aquí. Bordeados por hileras de vides, los discípulos se reúnen alrededor de Él. Las lámparas y las antorchas chisporrotean en el aire de la noche, y sus llamas vacilan ante sus ojos.

Jesús alcanza un pámpano. Mostrando señales del crecimiento de la primavera, su leñoso tallo yace sobre su mano bajo la dorada luz. Comienza a hablar: "Yo soy la vid verdadera, y mi Padre es el labrador" (15:1).

Durante varios minutos, Jesús les habla sosegadamente sobre pámpanos y uvas, y de cómo el labrador cuida de su viña escogida. Ciertamente, no es lo que sus discípulos han esperado oír. Pero este es el momento que escoge Jesús para revelarles su sorprendente destino.

Las cortinas del cielo

Son demasiados los cristianos que he encontrado de pie en las sombras de esa viña. Como los discípulos, han descubierto que seguir a Jesús se les ha vuelto demasiado diferente a lo que esperaban. Se sienten confundidos y desilusionados; tal vez, hasta traicionados por Dios.

¿Le pasa esto a usted? Si así es, escuche detenidamente: Creo que una de las principales razones de su crisis espiritual podría ser que usted no haya escuchado ni comprendido las palabras de Jesús en la viña.

En mi vida de cristiano hubo décadas enteras en las que yo tampoco comprendía. Y porque no comprendía, me aparté de la comunión. Luché contra Dios. Me conformé con una experiencia espiritual caracterizada muchas veces por la desilusión, la duda e incluso el enojo. Al recordar aquello, veo que aún estaba pensando en un Dios que me ayudaría a ganar bajo mis propias condiciones. No había sabido acercarme a escuchar.

Sin embargo, a lo largo de los años, volvía una y otra vez a aquel círculo iluminado por las lámparas, y lo que oí allí finalmente, ha traído libertad y gozo a mi vida. Ahora comprendo lo que Dios quiere de mí: Una cosecha abundante para Él. Y ahora puedo ver que Él ha estado obrando en mi vida todo este tiempo para que se produzca.

Las lámparas y las antorchas chisporrotean en el aire de la noche, y sus llamas vacilan ante sus ojos.

¿Está dispuesto a tomar en serio lo que dijo Jesús en aquellos momentos finales y decisivos? Todas las palabras cuentan. Jesús le quiere abrir las cortinas de los cielos a usted, tal como se las abrió a sus discípulos.

Porque, ¿sabe una cosa? Él también estaba pensando en usted aquella noche. Estoy seguro. En Tomás el cauteloso y Pedro el intrépido, en Natanael el inocente y en Jacobo el maquinador, y también lo vio y lo amó a usted.

Y creo que lo estaba dirigiendo con tanto amor hacia este librito tan intencionadamente como llevó a sus amigos más íntimos hasta aquella viña.

Los secretos de la vid que le voy a mostrar en los próximos capítulos constituyen el asombroso plan de nuestro Padre para mantener florecientes —física, emocional y espiritualmente— a sus hijos. De hecho, los podríamos llamar "secretos de familia", porque en realidad solo tienen sentido para discípulos como usted, que ha seguido a su Señor todo el tiempo hasta este lugar... más allá de la celebración, fuera de los muros de la ciudad, y derecho hacia las tinieblas.

2

Lo que quiere Dios

*P*iense en algunas de las cosas que Jesús *no se puso* en la mano para explicarles su mensaje aquella noche en la viña.

No se puso dinero.

No se puso un mapa para una invasión militar (o angélica) de Jerusalén.

No se puso una carta donde les explicara a todas las esposas que se habían quedado en casa lo que significaban aquellos últimos tres años.

Jesús estaba pensando en las uvas. Sosteniendo un pámpano de una vid madura, les dijo:

Yo soy la vid verdadera, y mi Padre es el labrador. Todo pámpano que en mí no lleva fruto, lo quitará; y todo aquel que lleva fruto, lo limpiará, para que lleve más fruto. Yo soy la vid, vosotros los pámpanos; el que permanece en mí, y yo en él, éste lleva mucho fruto. En esto es glorificado mi Padre, en que llevéis mucho fruto. (Juan 15:1-2, 5, 8)

¿Qué imágenes le vienen a la mente? ¿Siente la áspera corteza, los rizos de un zarcillo, la pelusa que tienen en la superficie las hojas nuevas? ¿Huele la aromática dulzura de las uvas?

A Jesús le gustaba mucho presentar las verdades más profundas con ejemplos sencillos, tomados de la tierra misma. En su último mensaje antes de morir, quería que usted y yo comprendiéramos con todo nuestro ser que Él nos ha dejado en este planeta por una razón apremiante, y que esa razón tiene que ver en todo con el fruto.

A Jesús le gustaba mucho presentar las verdades más profundas con ejemplos sencillos, tomados de la tierra misma.

Vid vieja, perspectiva nueva

Jesús introdujo una imagen dentro de la metáfora de la vid para ayudarnos a comprender nuestro papel en cuanto a dar fruto para Dios.

1. Jesús es la vid. Si usted no creció en tierra de viñedos, tal vez piense que la vid es una larga rama rastrera que se extiende a lo largo de un enrejado. En realidad es el tronco de la planta, que sale del suelo. Los viñadores han mantenido tradicionalmente las vides a la altura de la cintura: entre noventa centímetros y un metro. La vid termina en un gran nudo, del que salen los pámpanos en todas las direcciones, siguiendo un enrejado de alambre.

2. *El Padre es el labrador.* El labrador es el que cuida la viña, ya sea el dueño, o la persona contratada para atenderla. Su tarea es sencilla: sacar de sus plantas la mayor cantidad de kilogramos de uva que pueda. Una viña saludable y debidamente cuidada significa una cosecha mayor.

3. *Usted y yo somos los pámpanos.* En la viña, los pámpanos son el centro de atención de los esfuerzos del labrador, porque son los que producen el fruto. Se atan a un enrejado o se apoyan con varas para que circule el aire, de manera que se les proporcione la mayor cantidad posible de sol, y se pueda llegar a todos ellos a la hora de cuidarlos. El labrador cultiva amorosamente cada uno de los pámpanos, de manera que le dé tanto fruto como sea posible.

Es posible que estas imágenes de la viña sean interesantes desde el punto de vista de la horticultura, pero permítame preguntarle: ¿Por qué hablaría Jesús con tanto detalle acerca del cuidado de las uvas, cuando faltaban unas cuantas horas para su muerte, y las esperanzas de sus mejores amigos habían acabado de quedar aplastadas?

Está claro que Jesús sabía que eran el momento y el lugar correctos para enseñarles a los discípulos una nueva manera de ver las cosas. Él quería que vieran su futuro desde la perspectiva del cielo. No los quería dejar en la tierra preguntándose: *¿Qué intenciones tendrá Dios con mi* *vida? ¿Por qué las cosas no están saliendo como yo esperaba?*

¿Qué es el fruto?

Durante años, leí este pasaje como una llamada general a los cristianos para llevar a otros a los pies de Cristo. Sin embargo, no hay razón para restringir lo que quiere decir Jesús al *fruto* de ganar almas. He ido siguiendo las palabras *fruto* y *buenas obras* en la Biblia, y se usan de una manera casi intercambiable. Tome, por ejemplo, este versículo de Tito:

> *Y aprendan también los nuestros a ocuparse en buenas obras para los casos de necesidad, para que no sean sin fruto.* (3:14)

Tampoco los discípulos habrían interpretado las palabras de Jesús solo en el sentido del evangelismo. Como gente que vivía cerca de la naturaleza, habrían entendido que el fruto simbolizaba el mejor resultado, o el premio más dulce en la vida.

Tal vez hayan recordado estas conocidas palabras:

> *[El hombre religioso] será como árbol*
> *   plantado junto a corrientes de aguas,*
> *que da su fruto en su tiempo,*
> *   y su hoja no cae;*
> *y todo lo que hace, prosperará.* (Salmo 1:3)

En la práctica, el fruto representa las buenas obras: un pensamiento, una actitud o una acción nuestra que Dios valora, porque lo glorifica a Él. El fruto de su vida es la forma en que Dios recibe en la tierra el honor que le es debido. Por eso Jesús declara: "En esto es glorificado mi Padre, en que llevéis mucho fruto" (Juan 15:8).

Usted lleva fruto interno cuando le permite a Dios que alimente en usted una calidad de vida nueva que lo asemeje a Cristo: "Mas el fruto del Espíritu es amor, gozo, paz, paciencia, benignidad, bondad, fe, mansedumbre, templanza" (Gálatas 5:22).

Lleva fruto externo cuando le permite a Dios que obre a través de usted, de manera que le dé gloria. Por supuesto, dentro de esto se incluiría el compartir su fe con otros. Los apóstoles veían todos los aspectos de la vida como oportunidades para dar fruto. Pablo escribió: "Y poderoso es Dios para hacer que abunde en vosotros toda gracia, a fin de que, teniendo siempre en todas las cosas todo lo suficiente, abundéis para toda buena obra" (2 Corintios 9:8). Tanto si está cortando leña para una viuda, como si está cuidando a un vecino enfermo, o pasándose la vida entera como misionero en la selva, aparece el fruto externo cuando lo que le motiva es darle la gloria a Dios.

Tal vez le parezca que algo tan decisivo dentro del plan de Dios debería ocurrir de forma automática.

Entonces, ¿qué importancia y qué valor tiene dar fruto? Jesús dice: "Yo os elegí a vosotros, y os he puesto para que vayáis y llevéis fruto, y vuestro fruto permanezca" (Juan 15:16). El fruto es su único depósito permanente en el cielo. El fruto real permanece para siempre. Y es la principal razón terrenal por la que usted recibió la salvación. Pablo les dijo a los cristianos que ellos habían sido "creados en Cristo Jesús para buenas obras" (Efesios 2:10).

Jesús no nos ha guiado hasta este círculo alumbrado por antorchas, solo para convertir nuestros sueños en realidad. Nuestros sueños, como los de sus discípulos, siempre son demasiado pequeños. Estamos aquí para convertir en realidad el sueño *de Dios*: que *le demos gloria por medio de una vida extraordinariamente abundante*. Así es como hallamos nuestra mayor realización personal, ahora y por toda la eternidad.

Tal vez le parezca que algo tan decisivo dentro del plan de Dios debería ocurrir de manera automática en su vida y en la mía. Nada podría estar más lejos de la verdad. Para que la viña produzca realmente, los pámpanos tienen que responder a las atenciones del labrador. Pero, como veremos, no todos los pámpanos responden igual. De hecho, cada pámpano de la viña es único, y cuando llega el día de la vendimia, cada uno de ellos habrá producido una cosecha de distinto tamaño.

Caminemos ahora por nuestra cuenta dentro de la viña. Le voy a mostrar cuatro niveles distintos de rendimiento eterno. Está usted a punto de tener una clara imagen de lo que está significando su vida para Dios en estos mismos momentos.

Canastos de gloria

Supone que el labrador ya ha estado allí, probablemente al amanecer.

Es muy de mañana en época de vendimia y en tierra de viñedos. Usted ha salido a disfrutar del aire fresco, cuando encuentra que su sendero lo lleva serpenteando por un encantador viñedo en el costado de una colina. Entre las filas, nota canastos de cosecha puestos en el suelo: uno debajo de cada pámpano. Supone que el labrador ya ha estado allí, probablemente al amanecer. Por la forma en que están puestos los canastos, se puede notar que ha estado probando las posibilidades. Como sería de esperar, el labrador quiere saber, antes que los carretones entren retumbando al pueblo más adelante en la semana para recoger la cosecha, qué clase de cosecha va a poder presentar.

Usted recoge el primer canasto, y mira dentro. No ve fruto alguno. No es muy alentador; hay pámpanos que no llevan ni una sola uva. Jesús estaba pensando en estos pámpanos cuando dijo: "Todo pámpano que en mí *no lleva fruto*" (Juan 15:2).

23

Pasa a la fila siguiente, y mira dentro del segundo canasto.

¡Qué alivio! Ve varios racimos sanos de uvas acomodados en el fondo. Entonces, hay algunos pámpanos que no

El cuarto canasto desborda con las uvas más grandes que usted haya visto jamás.

son estériles. Se pueden hallar uvas en ellos, si se busca bien. Jesús describió este pámpano como el que "lleva *fruto*" (v. 2). Sin embargo, no hay mucho de qué emocionarse aquí. Usted comienza a dudar de las habilidades del labrador, y del potencial de este costado de la colina.

Afortunadamente, la siguiente fila lo tranquiliza. Ve un canasto lleno más arriba de la mitad con uvas gruesas y jugosas. Se sentiría orgulloso si saliera de la viña con este canasto. En la ilustración de Jesús, este pámpano lleva *"más fruto"* (v. 2).

¿Puede ser mejor aun la cosecha? ¡Sí! Espere a deleitarse la vista con el canasto de la última fila.

Aquí, usted observa enseguida que tanto el tamaño como la cantidad de las uvas son extraordinarios. El cuarto canasto desborda con las uvas más grandes y apetecibles que usted haya visto jamás. De hecho, no sabía que un solo pámpano pudiera producir tanto. La descripción que hace Jesús de este pámpano es que "lleva *mucho fruto*" (v. 5).

Cuando llega a casa, entiende mucho mejor lo que Jesús estaba tratando de decir en la viña:

—*Cada uno de nosotros es un pámpano que está produciendo un nivel claramente definido de abundancia (que yo he representado con los canastos):*

- Canasto 1 – "ningún fruto"
- Canasto 2 – "fruto"
- Canasto 3 – "más fruto"
- Canasto 4 – "mucho fruto"

—*El padre quiere que le demos más fruto; lo quiere tanto, que atiende activamente nuestra vida, de manera que vayamos ascendiendo: de pámpanos estériles, a pámpanos productivos, y desde un canasto vacío, hasta un canasto desbordante.*

Y siempre es posible más. ¿Por qué? ¡Porque fuimos creados para dar fruto; más fruto... y *más fruto todavía!*

Déjeme preguntarle algo: ¿Cuánto fruto ve en su vida hoy?

Creados para la abundancia

Le he preguntado al público en el mundo entero cómo se podría describir el nivel de fruto que se produce entre los cristianos de hoy. Las respuestas coinciden. Llegan a la conclusión de que cerca de la mitad de los cristianos dan muy poco fruto, o ninguno. Una tercera parte dan algún fruto. Solo alrededor del cinco por ciento dan mucho.

Si mira a los cristianos con los que asiste a la iglesia, ¿le sorprenden estas cifras? ¿En qué grupo estaría usted? Si este retrato del pueblo de Dios es aunque sea remotamente cierto, podrá captar de inmediato lo importantes que son las enseñanzas de la viña. Llevar fruto no es un fenómeno exclusivo, reservado para ciertas clases de cristianos. Es el destino de todos y cada uno de los creyentes.

Va a ver por qué algunos cristianos de buen corazón se quedan atascados durante años en la confusión, el dolor y la necesidad.

Si Jesús nos escogió para la abundancia, espera abundancia y nos creó para anhelarla profundamente, ¿cómo podremos encontrar realización en un canasto a medio llenar?

La respuesta es esta: Ni podemos, ni debemos.

En los seis capítulos siguientes, encontrará tres secretos de la vid que pueden transformar su vida. Cada uno de ellos es un principio poco conocido o muchas veces mal entendido, que le va a abrir una vida desbordante de fruto para Dios. No los llamo secretos en el sentido de que solo yo los conozca, sino porque cada uno de ellos es la clave para resolver un problema. Sin embargo, puedo decir con certeza que si usted no conoce *y* aplica las enseñanzas de Jesús en la viña, nunca experimentará la vida abundante que anhela. Sencillamente, no hay otra forma.

Si sospecha que su pámpano tiene poco fruto o ninguno, los dos capítulos próximos son especialmente para usted. Vamos a ver aquel primer canasto vacío y el pámpano estéril que lo acompaña. Verá por qué algunos cristianos de buen corazón se quedan atascados durante años en la confusión, el dolor y la necesidad, y comprenderá por qué las cosas no tienen que ser así. Le garantizo que una vez que se dé cuenta de lo que está haciendo en su vida la mano invisible de Dios —y responda positivamente—, comenzará a florecer de inmediato. Y se preguntará por qué se contentó con tan poco durante tanto tiempo.

3

La mejor noticia

(que usted no quería oír)

*E*n un retiro me encontré hace poco con Catherine, una señora que parecía atrapada en una red invisible. Era una profesional brillante y elocuente y tenía algo más de sesenta años de edad. Cuando el grupo en el que estaba cenando compartió sus experiencias espirituales, Catherine admitió que nunca había sido capaz de abrirse paso hacia una vida cristiana provechosa.

—Sencillamente, no me parece que mi fe sirva para nada, si no es para sentirme culpable. Siento siempre que Dios no está contento conmigo —dijo—. Y, ¿por qué no? Al fin y al cabo, yo no tengo tanta importancia para Él, con lo grande que es el mundo.

Aquella noche, Catherine se preguntó varias veces en voz alta por qué su fe no funcionaba. Cuando ya era la hora de los postres, tuve una idea.

—Creo que hay algo más que la está estancando espiritualmente —le dije.

—¿Cómo qué? —me preguntó.

Después de haber desechado unas cuantas posibilidades, le hice una sugerencia:

—¿Será que usted no sabe perdonar?

—¿Por qué se le ocurre semejante cosa? —parecía perpleja.

—Tal vez esté equivocado —le contesté, pero me ofrecí a hablar más con ella, si lo deseaba.

A la mañana siguiente, me estaba esperando después del desayuno. Admitió que había pasado una larga noche y había dormido poco. ¿La podría ayudar? No llevábamos mucho tiempo hablando, cuando comenzó a brotar la amargura contra su madre. Le pedí que escribiera en una hoja de papel todas las heridas y las acusaciones que asociaba con ella. A la mañana siguiente, Catherine fue de nuevo a mi encuentro, esta vez temblando y agarrada a un manojo de papeles. Había estado llorando.

—Esto es —me dijo en voz baja—. Esto controla mi vida.

Me dio cinco hojas de papel, cada una de ellas escrita por ambos lados con una letra muy pequeña. Línea tras línea, estaba llena de amargas acusaciones contra su madre. El resultado final era la crónica de toda una vida de pérdida personal.

Hablamos. Lloró. Pero después de una hora, pudo arrepentirse de tener un espíritu incapaz de perdonar, y liberar a su madre. Vi suavizarse su rostro, como si el reloj hubiera dado marcha atrás veinte años.

—Ahora usted está lista para recibir de Dios algo nuevo —le dije. Ella estuvo de acuerdo.

Seis meses más tarde, recibí una nota suya. Me decía que se había reconciliado con su madre, pero que aquello solo era el principio. "De nuevo estoy en una buena relación con Dios", escribía. "Siento como si mi alma estuviera respirando de nuevo. Hasta mis amigos que no son cristianos lo han notado. Y también he comenzado a disfrutar cuando lo sirvo a Él".

Como Catherine, son millones los cristianos sinceros que viven atrapados en una red invisible. Sienten dolor. Se sienten fracasados. Su vida presenta poco o nada que tenga importancia eterna, y no saben por qué.

Usted es el creyente en el que estaba pensando Jesús primero aquella noche de la viña.

¿Es usted uno de ellos? Si lo es, usted es el creyente en el que estaba pensando Jesús *primero* aquella noche de la viña. En este capítulo vamos a ver los pámpanos estériles y los canastos vacíos. Preguntaremos cómo reacciona Dios ante un pámpano como Catherine, un pámpano que no produce nada durante un largo período de tiempo, y cómo lo trata. Se enfrentará a unas cuantas realidades duras que lo podrían alarmar. Pero llegará a comprender el inestimable secreto que puede convertir lo estéril en hermoso.

Si es eso lo que quiere, acérquese...

El pámpano estéril

Jesús dijo: "Todo pámpano que en mí no lleva fruto, lo quitará" (Juan 15:2).

¡Qué pensamiento tan perturbador! Algunos buenos maestros de Biblia han interpretado este versículo en el sentido de que si no damos fruto, no podemos ser cristianos. Otros han dicho que "lo quitará" significa que si usted persiste en llevar una vida donde no haya evidencias de su salvación, la perderá.

Sin embargo, ¿no le parece que las palabras "todo pám-

Hay algo que lo está paralizando a usted.

pano que *en mí*" deberían demostrar la idea principal aquí? El Nuevo Testamento describe al creyente una y otra vez como alguien que está "en Cristo" (por ejemplo, 1 Corintios 1:30; 2 Corintios 5:17; Efesios 2:10 y Filipenses 3:9). Por tanto, creo que podemos llegar tranquilamente a la conclusión de que es posible estar "en Cristo", pero ser por un tiempo como ese pámpano que no produce fruto. La experiencia lo demuestra. Si usted es como yo, habrá pasado una semana, o un año, viviendo de tal forma, que sabe que no está dando fruto. Creo que de eso es de lo que Jesús está hablando.

Además, ya desde el principio sabemos que la salvación nunca ha sido una obra nuestra: "Porque por gracia sois salvos por medio de la fe; y esto no de vosotros, pues es don de Dios; no por obras, para que nadie se gloríe" (Efesios 2:8-9).

Entonces, aparece la desconcertante observación de Jesús en Juan 15:3: "Ya vosotros estáis limpios". ¿Cómo se relaciona lo de "quitar" con lo de "estar limpio"? ¿Qué tiene que ver "estar limpio" con lo de "no llevar fruto"?

La respuesta tiene dos partes.

En primer lugar, una traducción más clara del verbo griego *airo,* presentado en Juan 15:2 como "quitar", sería "tomar" o "levantar". Encontramos traducciones precisas de *airo,* por ejemplo, cuando los discípulos "tomaron" doce canastos de comida después de la alimentación de los cinco mil (Mateo 14:20), o cuando obligaron a Simón a "llevar" la cruz de Cristo (Mateo 27:32) y cuando Juan el Bautista dijo que Jesús era el Cordero de Dios que "quita", o "se lleva" el pecado del mundo (Juan 1:29).

De hecho, tanto en la Biblia como en la literatura griega, *airo* nunca significa "cortar". Por tanto, cuando algunas Biblias traducen la palabra como "quitar" o "cortar" en Juan 15, se trata de una lamentable interpretación, más que de una traducción clara.

"Levantar" sugiere la imagen del labrador inclinándose para levantar el pámpano. Pero, ¿por qué?

La segunda parte de la respuesta me llegó hace años en una conferencia de pastores junto a la costa del Pacífico. Un hombre bronceado por el sol se me acercó y me preguntó:

—¿Comprende usted Juan 15?

—No del todo —le respondí—. ¿Por qué?

—Yo soy propietario de un gran viñedo en el norte de California —me dijo—, y creo que lo he resuelto —enseguida yo me ofrecí a pagarle un café.

LEVANTAR

Sentados ya a la mesa del restaurante, frente a frente, él me comenzó a hablar de la vida del viñador: las largas horas pasadas caminando por los viñedos, cuidando de las uvas, viendo cómo se desarrolla el fruto, esperando el día perfecto para comenzar la vendimia.

—Los pámpanos nuevos tienen una tendencia natural a arrastrarse y crecer por el suelo —me explicó—. Pero allí abajo no dan fruto. Cuando crecen por el suelo, las hojas se cubren de polvo. Al llover, se llenan de lodo y de moho. Así, el pámpano se enferma y se vuelve inservible.

—Entonces, ¿qué hace usted? —le pregunté—. ¿Lo corta y lo desecha?

—¡No, no! —exclamó—. El pámpano es demasiado valioso para hacer eso. Recorremos la viña con un cubo de agua, en busca de esos pámpanos. Los levantamos y los lavamos —entonces me hizo una demostración con sus manos oscuras y callosas—. Después los enredamos o los atamos en el enrejado. Muy pronto comienzan a prosperar.

Mientras él hablaba, yo me podía imaginar los movimientos de las manos de Jesús mientras enseñaba aquella noche en la viña. Les estaba mostrando cómo el Padre se asegura de que su cosecha sea completa y la uva sea dulce. Cuando los pámpanos caen al suelo, Dios no los desecha ni los abandona. Los levanta, los limpia y los ayuda a prosperar de nuevo.

De repente, comprendí algo. *Levantar... limpiar...* Desde entonces, nunca he vuelto a leer Juan 15 como antes.

Para el cristiano, el pecado es como el polvo que cubre las hojas. No pueden llegar a ellas el aire y la luz. El pámpano languidece y no se desarrolla fruto alguno. ¿Cómo nos levanta del lodo y de la miseria nuestro Labrador? ¿Cómo hace que nuestro pámpano pase de estéril a hermoso, de manera que podamos comenzar a llenar nuestro canasto?

La respuesta a esta pregunta es el primer secreto de la vid.

El primer secreto de la vid

Si su vida se vuelve constantemente estéril,
Dios va a intervenir para disciplinarlo.

De ser necesario, Dios va a utilizar medidas dolorosas para llevarlo al arrepentimiento. Su propósito es limpiarlo y liberarlo del pecado, de manera que pueda llevar una vida más abundante para su gloria.

La Biblia le da a este proceso el nombre de disciplina o castigo. Yo lo llamo la mejor noticia que no queríamos oír.

Hay heridas buenas

La disciplina es lo que sucede cuando nuestro amoroso Padre entra en acción para levantarnos y apartarnos de nuestras propias empresas destructoras y estériles. "Como castiga el hombre a su hijo, así Jehová tu Dios te castiga" (Deuteronomio 8:5).

Por supuesto, todos somos criaturas caídas. Pecamos de vez en cuando. Pero normalmente, la disciplina de Dios comienza debido a que hay un problema serio de pecado; una forma de conducta o una actitud a la que no nos hemos enfrentado, y que nos está arruinando la vida. Termina cuando termina el problema.

Me podía imaginar los movimientos de las manos de Jesús mientras enseñaba en la viña.

¿Le gusta al niño la disciplina? No. (Tal vez por eso nos pasamos tanto tiempo tratando de evitarla, o de creer que no está sucediendo.) ¿Le gusta al padre disciplinar al hijo? No. (Si usted es padre, sabrá lo poco que le agrada hacer sufrir a su hijo. Así es como Dios se siente.)

¿Es la disciplina la forma en que el amor consagrado hace las cosas? ¡Por supuesto!

En Hebreos hay otra clave para comprender la forma en que Dios nos trata de limpiar:

Hijo mío, no menosprecies la disciplina del Señor, ni desmayes cuando eres reprendido por él; porque el

Señor al que ama, disciplina, y azota a todo el que recibe por hijo. (12:5-6)

En estos versículos aprendemos unos principios importantes:

- La disciplina procede de Dios,
- Dios disciplina a todos los creyentes, y
- Dios siempre actúa movido por su amor.

Observe que estoy relacionando la idea de "levantar" —la intervención del Labrador en Juan 15— con la palabra *disciplinar,* tal como se usa en Hebreos y en otros lugares. El verbo *airo* no se usa en ningún otro lugar como sinónimo de labor correctora, sino solo en la ilustración de la vid hecha por Jesús. Para lograr la conexión, he hecho una pregunta más amplia: *¿Qué hace Dios con los creyentes extraviados?* Respuesta: Toma las medidas necesarias para corregirlos, de la misma manera que el labrador toma las medidas necesarias para corregir a un pámpano que no está en su lugar.

¿Por qué nos va a querer causar dolor un Dios amoroso, aunque sea en una dosis pequeña? Porque necesita captar nuestra atención y conseguir de nuestra vida unos resultados altamente deseables. Hebreos 12:11 lo explica de esta manera: "Es verdad que ninguna disciplina al presente parece ser causa de gozo, sino de tristeza; pero después da fruto apacible de justicia".

Los padres saben cómo funciona esto. Usted le ha dicho una y otra vez a Tyrone, su intrépido hijo de cinco años, que no le está permitido cruzar la calle. Está actuando movido por una amorosa preocupación. Pero cuando la pelota favorita de Tyrone sale rodando a la calle, él se olvida de la regla.

Entonces, usted entra en acción. Puesto que él no ha grabado sus palabras, tal vez sea tiempo de hacer que se siente en una esquina y repita cincuenta veces: "No debo cruzar la calle". Tal vez lo deba mandar a su cuarto por un tiempo. O quitarle su pelota favorita. Tyrone trata de impedirlo, se resiste, grita... pero usted no puede dejar de actuar. Aunque él no se pueda dar cuenta completamente del peligro que constituyen los vehículos que pasan, sí puede aprender a asociar ese error con unas consecuencias negativas.

Admitamos que muchas personas interpretan mal la disciplina de Dios a causa de unas experiencias personales dañinas en su propia niñez. Tal vez usted sea una de ellas. Lo exhorto a permitir que la verdad acerca de su Padre celestial cambie su forma de pensar. Este Padre nunca lo va a disciplinar movido por la ira, o por deseos egoístas. Nunca va a perder el dominio de sí. "Y aquéllos, ciertamente por pocos días nos disciplinaban como a ellos les parecía", dice el autor de Hebreos, "pero éste para lo que nos es provechoso" (12:10).

Todas las acciones de Dios llevan la intención de irlo empujando —con amor, sabiduría y constancia— hacia la vida y la personalidad que usted anhela, pero que no puede alcanzar sin ayuda.

Todo depende de usted

Una vez que el creyente comprende el motivo que tiene Dios para disciplinar, se da cuenta de una asombrosa verdad: *¡La disciplina no tiene por qué continuar! Todo depende de mí. Solo voy a sufrir mientras siga aferrado a mi pecado.*

Al fin y al cabo, cuando el Labrador atiende a un pámpano enlodado, solo piensa en la abundancia y el gozo, y no el sufrimiento. Tan pronto como ese pámpano queda limpio y listo para prosperar, termina la necesidad de intervenir. Por eso, mi meta consiste en ayudarlo a identificar la forma en que Dios está tratándolo a usted, para que pueda evitar una disciplina extensa e innecesaria.

Dios no espera de usted que busque ni que disfrute su corrección. Si lo está disciplinando, Él tiene más deseos que usted mismo de que salga de esa disciplina.

Y recuerde que su disciplina siempre es solo uno de los aspectos de su relación con usted. Cuando su madre lo reprendía, no dejaba de cuidarlo, de hablarle, o de querer que usted le devolviera amor a cambio del suyo. A Satanás le encantaría convencerlo de que, puesto que su Padre lo está tratando con firmeza, usted es un perdedor sin valor que no le cae bien a nadie. Lo cierto es lo opuesto. Únicamente debería dudar de su favor si nunca hubiera sido

disciplinado. La Biblia dice: "Pero si se os deja sin disciplina, de la cual todos han sido participantes, entonces sois
bastardos, y no hijos" (Hebreos 12:8).

Duras realidades

¿Está enfermo su pámpano? La primera vez que muchos
cristianos se reconocen a sí mismos en la enseñanza de
Jesús acerca de la disciplina, reaccionan con asombro y
tristeza. Asombro, porque durante tanto tiempo no han
sabido relacionar las circunstancias que los atribulan con
la decidida intervención de Dios a causa del pecado; tristeza, a causa de todo el dolor y la confusión que han
sufrido, algunas veces durante años.

*Él sabía que en
lo más profundo
de su ser, su canasto
vacío formaba
parte de
su sufrimiento.*

Catherine, la brillante señora
que conoció anteriormente, estaba
atrapada en un mundo gris de desilusión y dolor. Sin embargo, confun-
día los síntomas con el problema que
los causaba, que en su caso era el no
querer perdonar, la amargura, la ira,
el odio y el deseo de venganza. A
causa de su pecado, Dios la estaba
disciplinando. Quería que su corazón y su alma estuvieran sanos, y
que su vida diera fruto. Además, sa-
bía que en lo más profundo de su ser, su canasto vacío
formaba parte de su sufrimiento.

¿Recuerda que le dije que las duras realidades sobre la disciplina de Dios lo podrían alarmar? En el próximo capítulo verá cómo los cristianos pueden sufrir de fatiga, enfermedades, e incluso morir, a causa de una disciplina a la que no le han prestado atención durante largo tiempo. Usted preguntará: *¿Acaso la disciplina de Dios se ha vuelto alguna vez tan severa?* La respuesta lo sorprenderá. También lo motivará fuertemente a no pasar ni un minuto más de los necesarios en el suelo y en medio del polvo.

Le he dado a conocer en parte el primer secreto: Dios siempre disciplina a los que no llevan fruto. Ahora bien, la comprensión sobre cómo lo hace —y cómo debemos reaccionar nosotros para que pueda terminar su corrección— es la parte del secreto que lo puede llevar al siguiente nivel de fecundidad. Entonces es cuando usted cambiará su canasto vacío por unos racimos de suculentas uvas.

4

Amor por grados

*P*iense en el poder que tienen las cejas de una madre. Cuando yo era niño, mi madre podía captar de inmediato mi atención, sacarme con toda rapidez la mano aún vacía del bote de galletas dulces y cerrarme la boca en medio de lo que estaba diciendo, y todo con un solo movimiento de cejas.

Yo crecí en una familia con seis hijos. Si uno de nosotros se portaba mal durante la cena, la ceja que mi madre alzaba era el primer indicio de que se había metido en un problema. Aquella mirada significaba: *Bruce, ¿qué te crees que estás haciendo?*

¡Qué poder tenía aquella pequeña advertencia suya para terminar todo tipo de tonterías! (Ahora mismo, me he enderezado en mi asiento, de solo pensar en aquello.) Lo cierto es que las cejas de mi madre tenían gran influencia, porque yo sabía por experiencia lo que sucedería después, si yo *no* les prestaba atención.

Le quiero mostrar la forma en que el Labrador reorienta a sus hijos de la misma forma. Cuando permitimos que el pecado bloquee nuestra capacidad para dar fruto, Dios interviene. Al principio, lo hace con un gesto bondadoso.

Ahora bien, ¿qué sucede si lo no le hacemos caso? ¿O si suponemos que aquella "ceja alzada" es lo más lejos que va a llegar en su disciplina?

Como usted está a punto de saber, lo que Él hace es levantar amorosamente el nivel de la disciplina.

En el capítulo anterior descubrimos que la disciplina es la respuesta activa de Dios para sacarnos de la esterilidad a la fecundidad. Identificamos el pecado como la causa de que tengamos en nuestra vida poco o nada que presentar que tenga un valor eterno. La disciplina es la estrategia del Labrador para limpiarnos, de manera que podamos comenzar a producir fruto para llenar nuestro canasto.

Si usted está dudando aún sobre si se halla o no en una época de disciplina, hágase esta pregunta:

¿Puedo mirar atrás en mi caminar con Dios y ver muy claramente que una conducta de pecado en la que solía estar atrapado, ha dejado ya de ser problema? ¿Hay pensamientos, actitudes o hábitos que solían dominar mi vida, y ya no lo hacen?

Si su respuesta es afirmativa, usted se está moviendo hacia arriba y adelante con Dios. Si no lo es, lo más probable es que tenga el canasto vacío y, sin duda, Él lo estará disciplinando. Le recomiendo que trate ahora de comprender qué grado de disciplina puede estar usando Dios para captar su atención.

Tres grados de intervención

¿Tiene usted un sentido claro de la forma en que Dios le comunica sus deseos cuando necesita que Él lo corrija? Si miramos de nuevo los versículos de Hebreos 12, hallaremos tres grados de intervención. Nunca más tendrá que vivir confundido acerca de la manera en que Dios está actuando en su vida para traerlo de vuelta a la fecundidad.

El primer grado de la disciplina puede ser tan sencillo como un pensamiento que nos trae convicción, y tan impresionante como cuando escuchamos nuestro nombre.

Primer grado: La represión — "Hijo mío, no... desmayes cuando eres reprendido por él" (v. 5).
Una represión es una advertencia verbal. Si yo era lo suficientemente listo como para reaccionar ante las cejas de mi madre en la cena, se restauraba la paz. La comida familiar se desarrollaba de manera agradable para todos. Por otra parte, si insistía en seguirme comportando mal, mis padres intensificaban sus esfuerzos. Mi padre carraspeaba. Eso significaba: *Bruce, ¿es posible que no notaras lo que hizo tu madre con las cejas?*

Si todavía no me tranquilizaba, mi padre me llamaba de una manera tranquila, deliberada y erizada de advertencias: "¡Bruce!"

No se estaba ensañando en mí injustamente. Estas represiones, como primer nivel de la disciplina, eran consecuencia de mis malas decisiones y tenían por propósito evitarme dolores mayores.

Nosotros escuchamos la reprensión de Dios, pero no siempre decidimos reaccionar ante ella. Dios se puede hacer oír de muchas formas: un aguijón en nuestra conciencia, una palabra oportuna de otra persona, un texto bíblico, una predicación tomada de la Palabra de Dios, o la convicción dada por el Espíritu Santo. (¿Ve lo maravilloso y bondadoso que es Dios al usar tantos métodos para captar nuestra atención y apartarnos del peligro?)

Estas indicaciones verbales —como las frecuentes súplicas de una madre a sus hijos pequeños— son, con mucho, el tipo más corriente de disciplina que experimentamos en la familia de Dios. Siempre debemos tener los oídos abiertos para escucharlas. No obstante, si endurecemos el corazón y cerramos los oídos, obligamos a nuestro Padre a intensificar la corrección.

Segundo grado: El castigo —"El Señor al que ama, disciplina" (v. 6).
En otros lugares de la Biblia, se utiliza la palabra *disciplinar* de manera intercambiable con la palabra *castigar*. Pero en nuestro texto encontramos para "disciplinar" un uso concreto que muestra un grado más fuerte de corrección.

Habla de algo que se siente en forma de ansiedad emocional, frustración o agonía. Lo que le solía dar gozo, ya no se lo da. Las presiones aumentan en el trabajo, en el hogar, en la salud o en la economía.

Para el Bruce niño en la cena, este nivel de disciplina habría significado que lo enviaran a su cuarto hasta que acabaran todos de cenar. Se habría acabado la cena para él. No podría seguir disfrutando de la compañía de su familia. Las reprensiones no han funcionado. Es de esperar que un sentimiento desagradable lo haga.

Muchos cristianos van tropezando por este nivel de disciplina, pero no saben leer las señales. Se sienten insatisfechos en la iglesia, críticos ante sus amigos cristianos, y "reñidos" con Dios. Cuando toman la Biblia, la sienten como si fuera plomo, y no como un alivio bien recibido. Su relación con el Señor, como le pasaba a Catherine, la señora del capítulo anterior, parece arruinada por una tristeza o un letargo cuyo origen desconocen.

Si le suena familiar alguno de estos síntomas, no necesita ni ir más a la iglesia, ni tratar de leer la Biblia con una actitud mejor. Lo que necesita es buscar el pecado que se está produciendo en su vida; el polvo que cubre sus hojas y lo separa de lo mejor de cuanto Dios tiene para usted.

Si no reacciona, el amor de su Padre lo va a llevar a tomar unas medidas más drásticas.

Tercer grado: Los azotes — "Y azota a todo el que recibe por hijo" (v. 6).
Azotar es golpear con un látigo; infligir un castigo. Este mismo verbo es el usado en los evangelios para describir lo que le hicieron los romanos a Jesús antes de crucificarlo. ¡La imagen no es muy agradable! De hecho, se podría sustituir la palabra *azotar* por la expresión *causar un dolor atroz.*

¿Qué porcentaje de los cristianos le parece a usted que han experimentado estos azotes? Tal vez le sorprenda leer que Él azota a "todo el que recibe por hijo". Eso significa que lo más probable es que usted ya haya sentido los azotes en su vida.

En este nivel de disciplina, la persona vive en pecado abierto, ignorando flagrantemente lo que sabe que es correcto. No les ha hecho caso a los intentos anteriores de Dios por rescatarlo de la rebelión y volverlo a la fecundidad. Por tanto, Él tiene que recurrir a un dolor intenso a fin de hacerla volver en sí. Piense en el caprichoso de Bruce niño. Si no ha funcionado nada para que se anime a actuar de una forma decente, mi padre lo hace desaparecer de la habitación para ir a esperar una buena zurra. Me temblarían las rodillas; sentiría la boca como si la tuviera llena de yeso. Sabía lo que me esperaba: una zurra con la paleta, que nunca iba a olvidar.

Todo el mundo detesta el dolor, pero podemos estar seguros de que capta nuestra atención, ¿no es cierto? C. S. Lewis decía que Dios susurra en el placer, pero grita en el dolor. Algunas veces, nuestro Padre tiene que gritar.

Él toma muy en serio el pecado a largo plazo, y actúa. Las consecuencias son más drásticas de lo que comprenden la mayoría de los cristianos. Pablo dice que el pecado no confesado y sin arrepentimiento que había en la iglesia de Corinto había lanzado un alarmante paño mortuorio sobre aquella pequeña comunidad. Los miembros estaban viviendo abiertamente en lamentables pecados, y sin embargo, compartiendo la mesa del Señor como si nada anduviera mal. El apóstol afirma que sus actos hacían caer juicio sobre ellos mismos y sobre otros. "Por lo cual hay muchos enfermos y debilitados entre vosotros, y muchos duermen", escribe (1 Corintios 11:30).

¿Lo captó? ¡A causa del pecado continuado entre los creyentes, muchos estaban débiles, muchos enfermos, e incluso algunos ya habían muerto! No se trata de un incidente del Antiguo Testamento; sucedió en una iglesia del Nuevo, muy semejante a la suya o la mía.

Puesto que son tantos los cristianos de nuestras iglesias que reconocen no estar produciendo fruto alguno para Dios (lo cual, como hemos aprendido, es consecuencia de un pecado que permanece), ¿sería posible que muchos entre nosotros estuvieran sufriendo unas horribles consecuencias como resultado?

¿Qué diría usted ante las evidencias?

Estoy muy consciente de que entramos en un territorio desafiante, y que debemos proceder con cierta precaución:

- Dios nunca le haría daño a una persona inocente para disciplinar de manera indirecta a otra que esté pecando. En otras palabras, el que usted esté viviendo una aventura amorosa no va a causar que a su madre se le declare un cáncer. (¿Enviaría usted a su hijo al cuarto porque su hija ha quebrantado las reglas?)

- Cuando Dios nos llega a disciplinar, nunca lo hace movido por la maldad, la impaciencia o la ira.
- Dios le ofrece a cada uno de nosotros oportunidades para responderle, hasta el momento mismo en que dejamos esta tierra.

Aun teniendo presentes estas precauciones, debemos tomar muy en serio las advertencias de Pablo. Lo exhorto a hacerlo, porque "el temor de Jehová es el principio de la sabiduría" (Proverbios 9:10). Si el precio personal del pecado serio y a largo plazo se puede volver tan grande, es necesario que se pregunte: *¿Qué impide que tantos cristianos lo resuelvan y se vuelvan fecundos?*

Creo que una de las razones principales es que se han dejado convertir en prisioneros de unos conceptos erróneos y dañinos.

¿Qué impide que las personas buenas enderecen su vida?

Las creencias son difíciles de divisar. En primer lugar, para decidir qué es lo que creemos, tendemos a escuchar lo que decimos, en lugar de observar lo que hacemos. Por otra parte, queremos tanto la comodidad que nos proporcionan nuestras creencias falsas, que nos convencemos a nosotros mismos de que tenemos que estar en lo cierto. Me he encontrado con miles de cristianos que han estado cautivos durante años de unas creencias dañinas.

¿Se reconoce a sí mismo en alguna de estas voces desorientadas?

- "El dolor y las circunstancias negativas de mi vida son resultado de unas consecuencias naturales o del destino. No están relacionados con mis decisiones".
- "Si Dios llega a disciplinarme de alguna forma, es probable que se trate de una situación aislada. A Él le gusta demasiado perdonar para ir imponiendo consecuencias cada vez peores, o para causarme dolor intencionalmente, solo con el fin de motivarme a dejar de pecar".
- "Seamos sinceros. El disfrute que obtengo de mis supuestos pecados pesa más que cuanto beneficio espiritual lograría si los dejara. En realidad, mis pecados no le están haciendo daño a nadie".
- "Sencillamente, no lo puedo evitar. Este problema se remonta a mi niñez. Entonces, ¿por qué Dios no me habría de conceder su gracia, en lugar de imponerme disciplina?"
- "El que yo peque no significa que no pueda hacer nada para Dios. Dios usa también los palos torcidos, ¿sabe? Al fin y al cabo, no todos podemos ser como Billy Graham".
- "Eso no es pecado. Solo es una debilidad; es parte de mi personalidad, algo con lo que lucho".

Si usted se reconoce en alguno de estos conceptos erróneos, ¿se da cuenta de lo que está diciendo en realidad?

Mi pecado no tiene consecuencias. Dios no me va a castigar. Me gusta demasiado mi pecado para dejarlo. Me he convencido a mí mismo de que no lo puedo dejar. Mi pecado no disminuye mi eficacia. Y finalmente, *Mi problema no es ni siquiera pecado.*

Un día se preguntará cómo se pudo resistir a la bondad de su Padre por tanto tiempo, y a un precio tal alto.

Si este es usted, lo exhorto a que abrace la verdad, desechando las mentiras que lo han mantenido estancado en una angustia innecesaria. Enfréntese a la realidad de que mientras más tiempo permanezca en la disciplina, más le estará pidiendo a Dios que aumente la intensidad de sus acciones correctivas. Aléjese de todo corazón del pecado que ha impedido que florezca y ha mantenido vacío su canasto.

El gozoso alejamiento

La palabra de la Biblia para este cambio de dirección inolvidable y lleno de gozo, es *arrepentimiento*. El arrepentimiento consiste en alejarnos del pecado que nos hace sentir mal, para entrar a la abundancia que Dios nos ha prometido. Un día, cuando usted vuelva la vista a su antigua obstinación de permanecer en el polvo, se preguntara cómo se pudo resistir a la bondad de su Padre por tanto tiempo, y a un precio tal alto.

Hay beneficios inmediatos cuando se responde de manera positiva a la disciplina de Dios. Cuando le permitimos a esa disciplina que nos adiestre, no solo escapamos a nuestro pecado, sino que también crecemos en madurez. Hebreos habla de que les da "fruto apacible de justicia a los que en ella han sido ejercitados" (12:11). El arrepentimiento no nos lleva simplemente de vuelta al cero, sino que Dios nos lleva de un menos diez a un más diez.

Tampoco es el arrepentimiento un acto único de un momento. Es un estilo de vida; un compromiso continuo de seguir desechando nuestra rebelión y recibir el perdón de Dios. Algunos pecados nos dejan en una esclavitud tal, que necesitamos que nos sigan dando ayuda, y tener que seguir siendo responsables ante alguien. Nadie conoce mejor esta verdad, que los que han superado serias adicciones e imperfecciones en el pasado.

No obstante, todos y cada uno de nosotros estamos invitados a darle permiso a Dios todos los días para darnos forma, purificarnos y reorientarnos. Con cada vuelta que damos, entramos de manera más directa a experimentar el agrado de Dios.

En el próximo capítulo descubrirá el secreto de pasar del "fruto" al "más fruto". Todo labrador sabe que, cuando un pámpano comienza a prosperar, se vuelve muy prometedor en cuanto a la posibilidad de una abundante cosecha.

53

5

DESPERTAR EN EL CAMPO

Un año, al principio de la primavera, Darlene y yo nos mudamos con nuestra familia al campo. Necesitábamos sosegarnos un poco. Estábamos soñando con disfrutar de la belleza de nuestro nuevo hogar.

Un par de días después de haber desempacado nuestras cosas, yo estaba trajinando en el garaje cuando noté que mi vecino estaba cortando una hilera de vides que crecía a lo largo de una cerca en el lindero entre nuestros dos terrenos. Yo había dado por sentado que ambos éramos dueños de esas viñas. ¿No era así como funcionaban las cosas en el campo? Ya habíamos tenido visiones de banquetes en el otoño con cubos enteros de uvas.

Me le acerqué para saludarlo. Mi vecino, un hombre alto de cabello blanco, vestido con traje de faena, llevaba en las manos las podaderas más grandes que yo había visto jamás. Estaba totalmente rodeado por montones de pámpanos.

—Me imagino que no le gusten las uvas —le dije, tratando de esconder mi incomodidad.

—Me encantan las uvas —me dijo.

—¿De veras? Bueno, yo pensaba que tal vez compartiríamos la cosecha de esta viña, y... —titubeé. Tal vez era demasiado tarde para que aquello hiciera algún bien.

Él me miró los zapatos relucientes.

—Usted es de la ciudad, ¿no es cierto? —me dijo.

—No exactamente, pero...

—No sabe nada de uvas, ¿verdad? —me interrumpió, y volvió a ponerse a cortar.

"¿Le gustan las uvas grandes y jugosas? ", me preguntó, hablándome por encima del hombro.

Yo le dije que sabía que me gustaban. Y también le dije que cuando compré aquel lugar, me había agradado, en especial, el prometedor aspecto de aquella fila de vides.

—¿Le gustan las uvas grandes y jugosas? —me preguntó, hablándome por encima del hombro.

—¡Por supuesto! Y a mi familia también —le respondí.

—Bueno, hijo —me dijo—, o nos podemos poner a criar una gran cantidad de hojas bellas que inunden toda esta cerca, o podemos tener las uvas más dulces, grandes y jugosas que usted y su familia hayan visto jamás. Sencillamente, no podemos tener las dos cosas.

¿Es amor esto, o locura con podaderas?

Hemos visto cómo Dios interviene en nuestra vida cuando nuestro pámpano carece de fruto a causa del pecado. Pero,

¿qué hace cuando el pámpano de nuestra vida tiene buen aspecto —como aquella hermosa vid que crecía a lo largo de mi cerca—, pero nuestro canasto aún tiene mucho espacio vacío para una cosecha mayor?

En este capítulo y el próximo lo voy a ayudar a comprender el segundo secreto de la vid. Jesús, después de decirles a los discípulos cómo cuida el Labrador del pámpano sin fruto, alcanzó un pámpano que mostraba un notable crecimiento, pero había producido solo unos pocos racimos de uvas. Escuche de nuevo lo que dijo:

> *Todo aquel que lleva fruto, lo limpiará, para que lleve más fruto.* (Juan 15:2)

La estrategia de Dios para lograr de sus pámpanos una cosecha mayor no es una de las que usted y yo preferiríamos. Su plan consiste en podar, lo cual significa aligerar, reducir, cortar.

Por increíble que parezca —y aunque sea contradictorio—, el secreto del Labrador para lograr más consiste en... menos.

¿Está listo para recibir una verdad perturbadora que, una vez captada, lo va a liberar para que vea bajo una luz nueva las pruebas a las que se está enfrentando? ¿Está listo para una verdad que hasta va a cambiar sus sentimientos hacia ellas y lo va a recompensar con una hermosa cosecha para Dios?

Entonces, está listo para el segundo secreto de la vid.

El segundo secreto de la vid:

Si su vida ya produce algún fruto,
Dios va a intervenir para podarlo.

De ser necesario, Él se va a arriesgar a que usted mal interprete sus métodos y motivaciones. Su propósito es que se desprenda de todos los compromisos inmaduros y las prioridades menores, a fin de tener espacio para una abundancia mayor aun, para su gloria.

Imágenes de abundancia

Aquella noche, al mirar el pámpano que Jesús tenía en su mano, los discípulos supieron exactamente lo que Él quería decir al hablar de poda. Las viñas habían sido símbolo de la forma generosa en que Dios había provisto para Israel durante casi dos mil años. Los discípulos conocían las uvas como un inglés de hoy conoce el té. Comprendían que para sacarle mayor provecho a una vid, hay que ir contra las tendencias naturales de la planta.

Hace poco leí un informe de jardinería que explicaba el porqué:

> Debido a la tendencia que tiene la vid a crecer con tanto vigor, cada año hay que cortarle mucha madera. Las vides se pueden volver tan tupidas, que la luz del sol no llega a los lugares donde se debe formar el fruto.

Si se la deja a su propio impulso, la vid siempre va a favorecer los nuevos brotes más que la producción de uvas. ¿El resultado? Desde la distancia, un crecimiento maravilloso; unos logros impresionantes. De cerca, una cosecha muy pobre.

Por eso el labrador corta todos los brotes innecesarios, por vigorosos que parezcan, porque la única razón de ser de un viñedo es... dar uvas. De hecho, la poda es la técnica más importante de todas las que usa un labrador para asegurarse una vendimia abundante.

Los discípulos conocían las uvas como un inglés de hoy conoce el té.

En el cristiano, el crecimiento desbordante representa todas esas preocupaciones y prioridades de nuestra vida que, a pesar de no ser incorrectas, nos impiden tener un ministerio de mayor alcance para Dios. Sin la poda, los cristianos que están en pleno crecimiento solo van a poder alcanzar una fracción de su potencial.

El principio de la poda nos lleva a una reveladora pregunta sobre su vida espiritual: ¿Está usted orando para que Dios derrame sus bendiciones hasta que sobreabunden, y rogándole que lo asemeje más a su Hijo?

Si su respuesta es positiva, entonces lo que está pidiendo es una poda. Cuando usted ora para que su vida sea más aceptable ante Dios y tenga un impacto mayor para la eternidad, Él tiene una manera de responderle: la poda.

Perfiles de la poda

En la viña, el podador experto aplica sus habilidades de cuatro formas concretas: quita todo lo que esté muerto o moribundo; se asegura de que la luz del sol alcance a todos los pámpanos que dan fruto; trabaja para aumentar el tamaño y la calidad del fruto, y anima al desarrollo de nuevo fruto.

Cuando usted ora para que su vida sea más aceptable para Dios y tenga un impacto mayor para la eternidad, Él tiene una manera de responderle: la poda.

Nuestro Padre el Labrador se guía por unos principios similares. Para abrirle espacio al tipo de abundancia para el que nos creó, primero debe cortar aquellas partes de nuestra vida que nos roban un tiempo y una energía valiosos, a expensas de lo verdaderamente importante. Su plan de poda no deja nada al azar; Él obra en cada vida de una manera exclusiva. Lo que considera un desperdicio para mí, podría ser necesario para usted.

Al enseñar este pasaje a lo largo de los años, les he preguntado a muchos "pámpanos compañeros" que describan el aspecto que ha tenido la poda en su vida. He aquí algunas de las cosas que he oído:

- Kyle, empleado de línea aérea — "Después de hacerme cristiano, noté que mi salida nocturna mensual con mis antiguos amigos de la escuela secundaria me comenzaba a hacer sentir vacío y fuera de lugar. Así que dejé de reunirme con ellos. Lo interesante es que unos cuantos meses después, llevé a uno de ellos al Señor".

Por medio de su insatisfacción, Dios le estaba mostrando a Kyle que una actividad de su vida antigua estaba *muerta o moribunda*. Le robaba tiempo y energías, con muy poca recompensa. Cuando Kyle se desprendió de ella, en su lugar se presentaron muy pronto unos resultados nuevos.

- LaShauna, madre de cuatro hijos — "Dios me ha estado pidiendo que abandone algunos hábitos de egoísmo que han sido obstáculo para mi matrimonio durante largo tiempo. Solo aceptar el reto al cambio me hizo sentir como si me estuvieran podando. Me he estado reuniendo todas las semanas con una señora mayor de mi iglesia, y estoy experimentando una libertad nueva. Estoy muy agradecida, y también lo está mi esposo.

Las formas de conducta de LaShauna, orientadas hacia su propia persona, estaban ahogando su capacidad de dar fruto en su matrimonio. Dios quería que *le diera más sol* a su relación clave.

- Jared, estudiante de último año de colegio universitario — "Tuve que decidir qué era más importante, si mis dos horas perfectas de ejercicios, o dedicarle más tiempo a nuestro creciente ministerio entre los estudiantes".

Dios estaba invitando a Jared para que dedicara más *tiempo a aumentar el tamaño y la calidad del fruto* en su vida.

- Howard, programador jubilado — "Yo pensaba que me pasaría la jubilación jugando golf y viajando, pero Dios me ha estado mostrando algunas oportunidades magníficas de hacer servicio misionero a corto plazo. Creo que es hora de hacer algo nuevo para Él; algo que me saque realmente fuera de mi comodidad".

Dios está buscando fruto nuevo en Howard.

Si la disciplina tiene que ver con el pecado, la poda tiene que ver con el ego. Al podarnos, Dios nos pide que soltemos las cosas que nos apartan de los propósitos de su reino y de nuestro bien máximo. La poda es la forma en que Él cambia la imagen de nuestra vida de un canasto casi vacío a un canasto que se está comenzando a llenar.

La incomprensión ante los métodos de Dios

Seamos sinceros: podar es cortar, y los cortes duelen.

Suena bastante parecido a la disciplina, ¿no es cierto? No en balde, a la mayoría de los cristianos les cuesta trabajo distinguir entre la disciplina y la poda en su vida. Parecen iguales. Pero no lo son.

Jesús quería que sus discípulos tuvieran bien clara la diferencia. ¿Por qué? *Porque la disciplina y la poda tienen razones de ser distintas, y porque cuando las confundimos, las consecuencias pueden ser desastrosas.* Él sabía que si sus futuros seguidores no interpretaban bien las actuaciones del Labrador en su vida, llegarían a conclusiones incorrectas acerca de sus propósitos y de su plan.

Yo lo sé. Durante años, luché con la ira y la confusión, porque tomaba equivocadamente como disciplina lo que era un proceso de poda. Cuando parecía que un intenso período de agonía me asediaba a mí, a mi familia o a mi ministerio, lo volvía todo al revés en busca de esa clase de pecados grandes que estuvieran causando las incomodidades por las que pasaba. Le pedía a Dar-

Si la disciplina tiene que ver con el pecado, la poda tiene que ver con el ego.

lene que me ayudara a ver lo que yo no estaba viendo. Rogaba: "¿Qué más *quieres* de mí, Señor?" Confesaba todos los pecados conocidos y esperaba un alivio. Pero cuando no cambiaba nada, muchas veces me deslizaba en el enojo contra Dios, después en la amargura, y por fin en la desconfianza. El resultado era una interrupción de mi relación con Él.

Y esta es la inquietante ironía: Con el tiempo, aquellas reacciones incorrectas ante la poda se convertían en una amplia supercarretera que me sacaba de esa poda para hacerme regresar directamente a la disciplina de Dios.

¡Qué círculo vicioso tan innecesario! Ahora veo que si por fin no hubiera logrado captar la diferencia, me habría podido pasar el resto de la vida peleando con Dios. Pero escuche: un gran número de los cristianos con los que hablo, están atascados en la misma incomprensión, repitiendo los mismos desvíos en su camino y obteniendo los mismos dolorosos resultados. De hecho, he llegado a creer que no saber interpretar las acciones o los motivos de Dios cuando poda es la razón principal por la que los cristianos maduros se deslizan innecesariamente de vuelta a la disciplina.

¿Describe su vida este escenario? ¿Explica unos cuantos desvíos espirituales de su pasado? Gracias a Dios, los secretos de la vid lo pueden ayudar a eliminar este problema para siempre. Usted no tiene por qué pasar un día más peleando con Dios y perdiendo, cuando puede estar trabajando con Él para ganar.

¿Poda o disciplina? ¿De qué se trata?

Se puede distinguir entre la poda y la disciplina a base de hacer unas cuantas preguntas sencillas. Lo animo a que revise con detenimiento el cuadro que acompaña a estas líneas. Si sospecha que Dios lo está podando, siga estos pasos:

1. Reconozca que Dios está tratando de atraer su atención. Tome la decisión de que no quiere desperdiciar este tiempo de perturbación.

2. Confíe en que, así como un padre amoroso le diría a su hijo por qué lo está corrigiendo, su amoroso Padre no va a hacer menos. Crea que Él quiere que usted sepa si está pasando por disciplina o por poda.

3. Pídale al Señor que le ayude a responder esta pregunta: *¿Tengo algún pecado importante que esté causando que me disciplines?*

4. Ore diciendo: *Señor, quiero saberlo. Si tú no me muestras dentro de la próxima semana que se trata de una disciplina, entonces yo voy a pensar por fe que se trata de una poda.* A partir de mi propia experiencia, le aseguro que si el problema es de pecado, Dios tiene muchas maneras de hacérselo saber. Va a hallar la verdad en un texto bíblico, una conversación, una enseñanza o una llamada telefónica de un amigo.

5. Si llega a la conclusión de que Dios lo está disciplinando, entonces el problema es un pecado. Arrepiéntase y dé media vuelta. Nunca lamentará haberlo hecho.

6. Si llega a la conclusión de que lo está podando, su reacción es igualmente decisiva, y la recompensa será mayor aun. Pídale a Dios que le muestre con claridad de qué quiere que usted se desprenda, y confíe en Él lo suficiente como para ponerlo por completo en sus manos.

PREGUNTA	DISCIPLINA	PODA
¿Cómo sabe qué está sucediendo?	Dolor	Dolor
¿Por qué está sucediendo?	Usted está haciendo algo incorrecto	Usted está haciendo algo correcto
¿Cuál es su nivel de fecundidad espiritual?	Ningún fruto (representado por el primer canasto)	Fruto (representado por el segundo canasto)
¿Cuál es el deseo del Labrador?	Fruto (representado por el segundo canasto)	Más fruto (representado por el tercer canasto)
¿Qué es necesario que desaparezca?	El pecado	El yo
¿Cómo se debe sentir usted?	Culpable, triste	Aliviado, confiado
¿Cuál es la reacción correcta?	Arrepentimiento (dejar de pecar)	Entrega (darle permiso a Dios)
¿Cuándo se detiene?	Cuando dejemos de pecar	Cuando Dios haya terminado

¿Tiene algo que decirle a Dios?

Imagínese un día soleado en Indiana. Darren, de veinticinco años de edad, ha ido por carretera desde Memphis para ver a su padre, con el que apenas ha hablado en años. Están frente al garaje de la casa, encestando pelotas en la canasta de baloncesto. Por fin, Darren saca lo que lleva dentro y lo ha hecho viajar hasta allí:

—Papá, durante años no te comprendí. No sabía por qué me impusiste tantas reglas cuando estaba en secundaria sobre las fiestas, la televisión, los trabajos de la casa, el uso del auto, el dinero y demás. No me gustaba lo que esperabas de mí. Pensaba que eras malvado y poco inteligente. A tus espaldas, decía cosas terribles acerca de ti. Y tengo que admitir que hubo momentos en que te odié. Pero ahora veo que solo estabas tratando de ser un buen padre. Solo querías lo que fuera mejor para mí. Nunca te diste por vencido, ni cediste.

»Vine para pedirte perdón por lo que he pensado y dicho sobre ti. Estaba equivocado. Sé que te hice sufrir muy profundamente, y lo lamento.

Creo que la mayoría de los creyentes necesitan tener una conversación así con su Padre. Recuerdo el día en que por fin arreglé mi situación con Dios sobre la forma en que lo había estado tratando. Eso pasó hace muchos años, y le puedo decir que ha mejorado de manera radical mi relación con Él.

¿No es asombroso que Dios permita que nosotros lo hagamos sufrir? (Sabemos que esto sucede, porque en

Efesios 4:30 se nos dice: "No contristéis al Espíritu Santo".) Es difícil comprender el tierno amor de Dios ante la incomprensión, los rechazos continuos y los malos tratos injustificables procedentes de nosotros. A pesar de todo, su amor permanece constante.

Si se ha dañado su relación con su Padre, lo exhorto a pedirle disculpas hoy por sus actitudes y pensamientos. Dígale que ha comprendido mal sus acciones y juzgado erróneamente su personalidad. Dígale exactamente cómo se ha sentido y por qué, y pídale perdón.

Dele permiso a Dios

Darlene y yo ya no vivimos en la casa de las vides, pero desde entonces, he pensado muchas veces en mi despertar en el campo. Aún puedo ver aquella hilera de vides en septiembre, con los pámpanos repletos de racimos del morado fruto. Aún puedo ver la mesa de la cocina soportando apenas el peso de las cajas y los canastos de uvas. Puedo saborear la dulzura. Puedo oler las cubas de mermeladas y jaleas hirviendo en la estufa. Puedo ver a nuestra hija revolviendo la cazuela, y el jugo corriéndole por la barbilla a nuestro hijo.

La abundancia es algo hermoso, ¿no es cierto?

Tal vez en estos mismos momentos usted esté mirando a la cerca de su vida, viendo que cortan los pámpanos, sintiéndose atacado por las circunstancias —tal vez incluso por Dios mismo—, y preguntándose qué será lo próximo que Él va a hacer.

Necesito decirle que su Padre celestial lo ama tanto, que no va a dejar de cuidar de su vida. Tal como verá en el próximo capítulo, aceptar el proceso de poda no significa menguar su vida, ni el disfrute de ella. Los cristianos más fecundos *y* más llenos de gozo son los cristianos en los que la poda es mayor.

6

FLORECER BAJO
LAS PODADERAS

¿Sabía que los viñadores podan sus vides cada vez con más intensidad, a medida que van teniendo más edad? Un boletín de horticultura que leí, explica el porqué:

> La capacidad de la vid para producir aumenta cada año, pero sin una poda intensiva, la planta se debilita y disminuye la cosecha. Es necesario podar fuertemente los pámpanos maduros para lograr de ellos el máximo rendimiento.

Si mira al futuro desde el punto de vista de una planta que está madurando, le quedan muchos cortes que recibir. Pero desde el punto de vista del viñador, el futuro le depara algo maravilloso: uvas, uvas y *más* uvas.

En este segundo capítulo sobre la poda, le quiero mostrar lo que está haciendo Dios para llevar su vida hasta aquel canasto más lleno de fruta. Aunque al principio la poda tiene que ver sobre todo con sus actividades y prioridades externas, la poda más madura tiene que ver con sus valores y su identidad personal. Dios se va acercando cada vez más para podar con mayor intensidad, porque ya en estos momentos usted está preparado para producir de verdad.

Lo que Él le pida ahora le podrá parecer difícil. Sin embargo, si usted reacciona de manera positiva a lo que hace el Labrador, los resultados van a ser increíblemente mayores de lo que usted se habría podido imaginar.

Son muchos los cristianos que nunca llegan tan lejos. De hecho, si usted no está realmente decidido a alcanzar el nivel siguiente de abundancia —*más* fruto—, tal vez no deba leer este capítulo. Cuando Jesús les dijo a sus amigos lo que costaría seguirle, muchos se volvieron atrás. No obstante, el impacto de los que siguieron adelante aún sigue sacudiendo al mundo. Si ya sabe en estos momentos que Dios tiene un destino exclusivo e importante para usted —y lo quiere de todo corazón—, este capítulo lo hará cruzar el umbral hacia su futuro.

La prueba de su fe

Me parece que ayuda pensar en la poda madura en función de las palabras bíblicas "la prueba de vuestra fe". En el momento de escribir sus epístolas, los discípulos ya habían aprendido a ver todas las pruebas como oportunidades para perfeccionar su confianza en el Señor y multiplicar su eficacia para Él: "Que la prueba de vuestra fe... tenga... su obra completa'', escribe Santiago, ''para que seáis perfectos y cabales, sin que os falte cosa alguna'' (Santiago 1:3-4).

La poda madura se va haciendo más intensa a medida que las podaderas de Dios van cortando cada vez más cerca del núcleo de lo que usted es. Dios no está tratando solo de *llevarse* algo, sino que está obrando fielmente para *hacerles lugar* en su vida a una fortaleza y una productividad mayores, y al poder espiritual. Su meta consiste en acercarlo más a la imagen de Cristo ''perfecta y completa''.

Las pruebas de la fe no tienen nada que ver con el estado de su salvación; eso ya está resuelto. Tampoco se hallan estas pruebas al nivel del ''¿por qué Dios no me ayuda a encontrar las llaves de mi auto?'' Las pruebas de la fe son diversas pruebas y dificultades que nos invitan a rendirle a Dios algo de gran valor, *aun cuando tengamos todo el derecho a no hacerlo.* Usted siente que las circunstancias lo atacan y lo llevan al máximo de su resistencia, pero no se siente alejado de Dios; probado por Él, pero no juzgado ni culpable. Un salmista describió esta experiencia de purificación... y sus incalculables consecuencias.

> *Dios no está tratando solo de llevarse algo, sino que está obrando fielmente para hacerles lugar en su vida a otras cosas.*

> *Porque tú nos probaste, oh Dios;*
> *nos ensayaste como se afina la plata.*
> *Y nos sacaste a abundancia.*
> (Salmo 66:10, 12)

¿Se ha dado cuenta alguna vez de que una "prueba de fe" no prueba nada en realidad, a menos que lo empuje a usted más allá de la última prueba; más allá de lo que ha demostrado en una prueba anterior? Por eso es frecuente que la poda dure más tiempo y sea más fuerte de lo que pensamos razonable o justo. Y también esa es la razón de que, si usted se echa atrás cuando llega a lo que parece ser su límite, nunca va a crecer, ni a saber lo mucho que puede confiar en Dios *en realidad.*

Cuando sienta que la presión sobre su fe ha llegado al límite, recuerde unas cuantas verdades importantes sobre la poda:

Dios no utiliza el dolor cuando un método más agradable produciría los mismos resultados. La poda es siempre la única y mejor respuesta a nuestros anhelos más profundos; es el afectuoso regalo de un Padre totalmente sabio y amoroso. "El dolor tiene la violencia amorosa y legítima necesaria para producir mi libertad", escribía Blaise Pascal.

No todas las experiencias dolorosas son consecuencia de la poda. ¿Se le está destrozando el corazón porque su hijo adolescente está experimentando con las drogas y la vida sexual? Dios no causa que él haga estas cosas para podarlo a usted. ¿Se enfrenta de repente a un futuro con diabetes o con cáncer en la próstata? Dios no está limitando a propósito su vida, solo para ver cómo reacciona usted. No obstante, cuanta prueba pase usted es una *oportunidad* para permitirle a Él que obre en su vida a fin de lograr la abundancia. Si usted lo invita a entrar en sus circunstancias, Él cumplirá su promesa de hacer que todas las cosas le ayuden a bien (Romanos 8:28).

El dolor de la poda se produce ahora, pero el fruto aparece más tarde. Como sucede en la vid, la poda en nuestra vida tiene su momento. Pero la cantidad y calidad de la vendimia futura dependen de nuestra sumisión presente al Labrador.

Una "prueba de fe" no prueba nada en realidad, a menos que lo empuje a usted más allá de la última prueba.

Aunque van a variar la duración, la profundidad y la amplitud de los momentos de poda, no hay ninguno que dure indefinidamente. Le prometo que se acerca un tiempo en el cual usted va a *saber* que ya no está sometido a las podaderas de Dios. Dondequiera que mire, verá evidencias de una transformación personal y un ministerio más grande para Dios.

Piense en las numerosas pruebas por las que pasó Pablo. Piense después en el tamaño tan increíble de su cosecha. Es imposible tratar de medirla siquiera, ¿no es cierto? El pámpano de Pablo *sigue* dando fruto todavía hoy.

Esto nos lleva a una pregunta muy importante: Si lo que usted quiere en realidad es una cosecha sobrenatural, ¿cómo puede saber cuándo Dios lo está podando, para poder colaborar con Él?

"Dime dónde te duele"

La conversación de Jesús en la viña demuestra que Dios nunca ha tenido la intención de que la poda sea un misterio para nosotros, o nos haga sentir confundidos.

Cuando usted era niño y se hacía daño, la primera pregunta que le hacía su madre al verlo llorando era: "Dime dónde te duele". Cuando Dios lo está podando, le duele en algún sitio en particular. El dolor procede del punto donde las podaderas están cortando algo.

"Nos ensayaste como se afina la plata... y nos sacaste a abundancia."

Si se siente confundido con respecto al sitio donde Dios lo está podando, hágase esa misma pregunta: "¿Dónde te duele?" Por medio del dolor, Dios capta su atención y le hace entender su urgencia. El malestar le dice: "Atento aquí".

En 1 Samuel 25 se nos presenta la memorable historia de la forma en que Dios usó la prueba del dolor en la vida de David, a fin de prepararlo para un notable futuro. Ya había sido ungido como el próximo rey de Israel, pero durante años parecía como si Dios lo hubiera abandonado. El matador del gigante y héroe nacional había quedado reducido a esconderse en cuevas para tratar de escapar al odio asesino del rey Saúl. Puede leer su diario espiritual de aquellos atroces momentos en los Salmos 54, 57 y 63.

Un día, movido por la esperanza, y casi muerto de hambre, David les indica a sus hombres que le pidan víveres cortésmente a un terrateniente cercano llamado Nabal.

"¿Quién es David?", rugió Nabal, negándose a concederle lo que le pedían. Aquel rechazo tan humillante era un golpe directo al punto más débil de David: su orgullo, sin mencionar su confianza en sí mismo, su sentido de la justicia y su identidad. Enfurecido, David envió a sus hombres de guerra para que mataran a toda la casa de Nabal.

Pero Abigaíl, la esposa de Nabal, oyó lo sucedido, y se apresuró a interceptar a David. Llevaba consigo una caravana repleta de víveres, pero su presente más importante era la apasionada observación que le haría a David de que su verdadera identidad y la seguridad de su futuro se

La primera pregunta que le hacía su mamá cuando lo veía llorando era: "Dime dónde te duele".

hallaban en las manos de Dios. De hecho, lo que hizo fue suplicarle que viera más allá de su dolor y se decidiera a salir airoso de aquella prueba de fe, en lugar de hacer lo que tenía pensado. David reconoció su sabiduría y se volvió atrás.

Aquella crisis, unida a los terribles años pasados en el desierto, fue parte del tiempo de poda necesario para preparar a David en cuanto a su futuro como el rey más grande que tuvo Israel. Aprendió a someterse a la autoridad, a ser líder de hombres, a perseverar y a confiar en Dios en medio de unas circunstancias difíciles.

¿Dónde le duele en su vida hoy? Busque las podaderas del Labrador en acción, dándole forma, dirigiéndolo y fortaleciéndolo para unos tiempos de abundancia que no podrá ver en estos precisos momentos, pero que no obstante, se aproximan.

Los principales puntos de poda

La poda madura es la forma que tiene Dios de ayudarlo a poner en práctica su mandato de "buscar primero el reino de Dios". Por eso, Él siempre poda aquellas cosas que buscamos primero como esclavos de ellas, que amamos más y que más nos incomoda abandonar. Repito: su meta no es despojarnos de nada, ni hacernos daño, sino liberarnos para que podamos seguir adelante con nuestro verdadero anhelo: su reino.

Esta clase de poda va más allá de una reorganización de las prioridades, y llega al corazón de aquello que nos define: la gente que amamos, las posesiones a las que nos aferramos, nuestro sentido profundo de los derechos que tenemos como personas. Estos son los campos en los que Dios debe dominar para que demos fruto.

Quiero compartir con usted algunos relatos sobre la poda, tomados de mi propio peregrinar como discípulo. Cada uno de ellos señala un campo clave en el cual, tarde o temprano, las podaderas de Dios *van* a ponerse en acción en la vida de todo creyente maduro:

Primer campo. La gente que usted más ama.
Nunca olvidaré la guerra que tuvo lugar sobre una peluda alfombra rosada en el cuarto de una pequeña niña de Iowa. Yo había ido a Des Moines para un seminario, y me estaba quedando con unos amigos. Ellos me habían dado el cuarto de su hija pequeña. Todo era rosado y pequeño, y los pies me quedaban colgando por el pie de la cama. Pero allí, acostado en aquella camita, me puse a orar para pedir una vida más extensa. "Señor", dije en voz alta, "hasta aquí hemos llegado. ¿Qué viene ahora?"

"Tus hijos", me dijo. Yo le dije que los amaba.

Él me respondió: "Dame tus hijos".

No tuve ni que pensarlo. "No", le dije. "No te los doy."

¿Ha llegado de pronto alguna vez a un punto de poda como ese? La entrega no parece ser ni siquiera una posibilidad. Pasaron las horas. Me encontré arrodillado sobre aquel rosado campo de batalla, luchando con Dios. Hasta las tres de la madrugada, no fui capaz finalmente de soltar a mis hijos y a mi esposa para que Él se quedara con ellos. Cuando quedó hecha la transacción, aquellos seres humanos que más amaba en la vida me habían dejado de pertenecer. Aún tengo el privilegio de amarlos y cuidar de ellos, pero le he pasado a Dios los derechos de propiedad.

Tal vez Dios le esté pidiendo que le entregue su "derecho" a estar casado, a tener hijos o a obtener algún tipo determinado de éxito. Tal vez lo esté invitando a seguir a Cristo sin el apoyo de sus familiares más cercanos; posiblemente mientras sufre incluso su odio y su rechazo a causa de su fe. Si así es, sepa que lo está podando muy cerca de lo que realmente le importa, no para quitarle algo bueno, sino para convertirse en el Señor de todos sus deseos.

Segundo campo. Su derecho a saber por qué Dios hace lo que hace.
Nacemos convencidos de que merecemos tener el control de nuestra propia vida. Sin embargo, este supuesto se halla en conflicto con la vida de fe. Por eso, muy al principio de nuestra poda madura, Dios nos pide que renunciemos a nuestro "derecho" a saber por qué nos están sucediendo ciertas cosas.

Cuando nuestro hijo David era muy pequeño, en una ocasión lo llevé al hospital para que le pusieran una inyección. Al acercarse el médico jeringuilla en mano, David saltó. Cuando por fin logré acorralarlo detrás de una maceta y lo levanté en mis brazos, vi el terror reflejado en su rostro. ¿Cómo se le puede explicar a un niño pequeño que está enfermo, y que su cuerpo necesita penicilina? Sin embargo, David se quedó en mis brazos mientras el médico se preparaba a inyectarlo. Cuando llegó el momento, no me empujó para alejarme, sino que se apretó más contra mí, y gritó: "¡Papá!"

En nuestra fe, pasamos por largas temporadas en las que no podemos responder preguntas como "¿Por qué?" y "¿Hasta cuándo?" Solo sabemos Quién —nuestro Padre celestial—, y Él nos ha demostrado que es digno de confianza. Él es quien nos pide que dejemos a un lado las razones, los derechos y los temores, y le rodeemos el cuello con nuestros brazos. En esos momentos,

Su meta no es despojarnos de nada, ni hacernos daño, sino liberarnos para que podamos seguir adelante con nuestro verdadero anhelo.

podemos orar diciendo: "Padre, estoy agarrado de ti. Puedes hacer lo que quieras. Lo único que te pido es que me lleves cargado".

Tercer campo. Su amor al dinero y a las posesiones.
Para la mayoría de nosotros, abandonar el poder que tienen sobre nosotros las posesiones y las comodidades materiales es un proceso de toda la vida, y uno de los más difíciles. He descubierto que el "amor al dinero" brota como la hierba mala.

La esclavitud al dinero y a las posesiones nos exige nuestras energías, nuestro tiempo y nuestra lealtad. Por eso, una temporada tras otra, el Labrador nos pide que soltemos las cosas a las que aún nos aferramos con demasiada fuerza. ¿Le está pidiendo Dios que le entregue algo, ya sea literalmente, o en el corazón?

Para saber dónde se encuentra dentro de este proceso, pregúntese: ¿Cuánto de lo mío me ha pedido Dios ya? ¿Se lo he entregado?

Me encontré arrodillado sobre aquel rosado campo de batalla, luchando con Dios.

Si permitimos que continúe este proceso de poda, florecerá en su lugar una exuberante libertad para bendecir a los demás. Estos hermosos resultados son los que describe Pablo en una de sus cartas a los corintios: "Os hacemos saber la gracia de Dios que se ha dado a las iglesias de Macedonia; que en grande prueba de tribulación, la abundancia de su gozo y su profunda pobreza abundaron en riquezas de su generosidad" (2 Corintios 8:1-2).

Cuarto campo. Las fuentes de su importancia.
El premio que está en juego aquí es la necesidad que le ha dado Dios de sentir que usted es valioso y su existencia tiene una razón de ser. Para Abraham, fue Isaac, su hijo del milagro. Para Gedeón fue su gran ejército. ¿Qué es para usted?

Para mí, era el ministerio Caminata Bíblica. Durante años, luché para devolverle a Dios lo que entendía que era la gran obra de mi vida. La prueba final vino cuando me comencé a sentir cada vez más seguro de que Dios quería que tomara una decisión ejecutiva que sabía que acabaría con el ministerio.

Sentí que Él me estaba pidiendo que le entregara el sueño de toda mi vida. Titubeé. Lo pospuse. Finalmente, llegó el día en que puse sobre el altar el futuro de Caminata Bíblica. Le informé a nuestro equipo que ya no podíamos seguir sosteniendo de aquella forma el ministerio. Cuando volví a casa, le dije a Darlene que aquel capítulo de nuestra vida había terminado. Forzado a escoger entre Dios y mi ministerio, había escogido a Dios.

Sin embargo, Caminata Bíblica no cerró sus puertas. Una vez que escogí a Dios, Él bendijo el ministerio de unas formas que yo jamás me habría imaginado. Ahora comprendo que durante aquella época de poda, Dios me estaba llevando a una encrucijada crítica en mi vida cristiana. Para alcanzar el nivel de abundancia siguiente, tendría que devolverle por completo la obra que Él mismo me había dado, confiando solo en Él en cuanto a lo que sucedería después.

EXPECTATIVAS EN CUANTO A LAS UVAS

El apóstol Pablo no estaba aquella noche en la viña con Jesús y los discípulos, pero se convirtió en veterano de la poda. Comenzó, según su propia descripción, como "del linaje de Israel, de la tribu de Benjamín, hebreo de hebreos... fariseo; en cuanto a celo... en cuanto a la justicia que es en la ley, irreprensible" (Filipenses 3:5-6). En cambio, al final de su vida, vemos algo realmente escaso: *un hombre que había sido podado hasta no quedar nada de la vida de su ego.* Todo lo que hacía de Pablo quien era —trabajo, posición, herencia, orgullo, religión— había sido podado.

Él es quien nos pide que dejemos a un lado las razones y le rodeemos el cuello con nuestros brazos.

En su carta final desde la prisión, escribió: "Pero cuantas cosas eran para mí ganancia, las he estimado como pérdida por amor de Cristo. Y ciertamente, aun estimo todas las cosas como pérdida por la excelencia del conocimiento de Cristo Jesús, mi Señor, por amor del cual lo he perdido todo, y lo tengo por basura, para ganar a Cristo" (Filipenses 3:7-8).

Ya para entonces, Pablo no necesitaba poner orden en sus prioridades. Solo tenía una. "Pero una cosa hago", escribe: "olvidando ciertamente lo que queda atrás, y extendiéndome a lo que está delante, prosigo a la meta, al premio del supremo llamamiento de Dios en Cristo Jesús" (vv. 13-14).

Tal vez usted esté pensando: *Por supuesto, un gigante espiritual como el apóstol Pablo puede llevar una vida de poda radical; pero, ¿es realmente eso lo que Dios quiere para mí también?* Antes de responder, no se pierda la exhortación final de Pablo: "Así que, todos los que somos perfectos, esto mismo sintamos" (v. 15).

He aquí un testimonio sobre la meta de la poda madura: que por fin usted esté tan entregado a Dios, que ponga todo cuanto ahora ama tanto —incluso las actividades y las metas valiosas— en las manos soberanas de Dios. Así quedará usted aferrado a una pasión, una meta, una oportunidad sin obstáculos: *dar más fruto.*

Lo cierto es que de todas formas, los cristianos que han pasado por esta poda profunda no se centran en lo que dejan atrás. Están entregados a unas oraciones valientes, llenas de esperanza y lanzadas hacia el futuro, como ésta del autor John Piper:

> *Señor, déjame cambiar las cosas*
> *para ti de tal manera, que*
> *esté totalmente fuera de*
> *proporción con lo*
> *que yo soy.*

Su respuesta lo es todo

En los dos últimos capítulos hemos estado hablando acerca de las actuaciones de Dios en nuestra vida para llevarnos de dar "fruto" a dar "más fruto"; del canasto con un poco de fruta dentro, al que tiene mucha. Mi meta es ayudarlo a reconocer lo que ya está sucediendo en su vida, de manera que pueda colaborar con Dios... y pasar al siguiente nivel de abundancia.

No lo estoy invitando a pedir una poda. Las pruebas

llegan. Sencillamente, la cuestión está en que usted permita que Dios haga su resuelta obra de poda en usted, o que la desperdicie.

Si se lo permitimos, florecerá una exuberante libertad para bendecir a los demás.

En la poda, su *manera* de responder es la determinante. Puede quejarse, rebelarse, hacer concesiones, o huir. O puede experimentar el gozo, el consuelo y el reposo que les llega a los discípulos que mantienen los ojos fijos en el premio, y no en el sufrimiento. Escuche cómo Pedro describe la forma en que estaban triunfando algunos cristianos de sus tiempos en medio de fuertes pruebas:

> *En lo cual vosotros os alegráis, aunque ahora por un poco de tiempo, si es necesario, tengáis que ser afligidos en diversas pruebas, para que sometida a prueba vuestra fe, mucho más preciosa que el oro, el cual aunque perecedero se prueba con fuego, sea hallada en alabanza, gloria y honra cuando sea manifestado Jesucristo, a quien amáis sin haberle visto, en quien creyendo, aunque ahora no lo veáis, os alegráis con gozo inefable y glorioso.* (1 Pedro 1:6-8)

Aquí, en este momento de la fe con gozo, se abre ante usted el último secreto de la vid. Ya usted está listo para experimentar la más dulce de las abundancias: el misterio que Jesús llamaba "permanecer".

7

MÁS DE DIOS,
MÁS CON DIOS

*E*n una de esas hermosas mañanas de Georgia, iba en auto al trabajo, cuando se puso junto a mí un Corvette negro convertible con el techo recogido y la pintura reluciente. El chofer se veía tranquilo y seguro con sus lentes de sol de diseño especial. Segundos más tarde, aquel auto deportivo salió a gran velocidad y desapareció en una loma.

Fue entonces cuando lo noté: faltaba algo. Claro; aún tenía mi billetera y mi ropa. Aún tenía mi trabajo, con su larga lista de cosas por hacer. Aún tenía esposa e hijos en el hogar. Pero había desaparecido mi corazón. Me lo habían robado, y ahora se iba a toda velocidad en aquel Corvette.

Cuando entré a la oficina, me hallaba ya en plena crisis, pensando en renunciar, y tal vez ponerme a trabajar en un estacionamiento. El ministerio que el día anterior me parecía tan importante, en esos momentos me sabía a serrín. Aquella tarde, al llegar a casa, conversé sobre todo aquello con Darlene. Decidimos que el problema podía proceder de un agotamiento total. Durante meses había estado trabajando más fuertemente y durante más horas, pero tal parecía que el rendimiento había sido menor. A la hora de acostarnos, habíamos llegado a la perturbadora conclusión de que la pasión que solía sentir por servir a Dios había ido decayendo durante cierto tiempo. En realidad, aquel Corvette negro tenía poco que ver con mi dilema. Todo lo que había hecho era robarme la ilusión de que las cosas marchaban bien.

Aquel Corvette negro me robó la ilusión de que las cosas marchaban bien.

En lugar de renunciar, comencé a orar. Durante días, le supliqué a Dios que me dijera qué debía hacer. Me pareció que me indicaba que llamara a George, un hombre al que había conocido más de diez años antes. George es un respetado erudito y mentor de líderes que vive en la costa del Pacífico. Cuando lo llamé por teléfono, tuve que luchar para expresar con palabras mi problema.

"Bruce, ¿estás pasando por problemas de dinero?", me preguntó. Yo le dije que no.

"¿Algo que tenga que ver con el sexo?" No; nada de ese tipo.

Cuando colgué el teléfono, él me había invitado ya a tomar un avión e ir a California para hablar con él.

"SÉ QUE ESTÁS AQUÍ".

Unos cuantos días más tarde, George y yo estábamos instalados en dos grandes sillones de cuero rojo. Por la ventana se veían unos eucaliptos que se movían con la brisa.

—Cuéntame toda la historia de tu vida —me dijo—, y no tengas prisa.

Hablé por lo menos una hora. Cuando mi relato llegó a dos años antes de aquel momento, George me detuvo.

—Déjame terminar yo la historia de tu vida —me dijo.

—Pero, ¿cómo puedes hacerlo? —le pregunté—. Ni siquiera sabes lo que me ha sucedido.

—Pero sí sé por qué estás aquí —me dijo. Se levantó para servirme otra taza de café, y siguió hablando—. He estudiado las vidas de más de quinientos líderes cristianos: ejemplos bíblicos, figuras históricas y personas del presente, algunas de las cuales tú conoces. Y, Bruce, estás llegando puntual.

—¿Puntual para qué? —le pregunté. Decididamente, George había captado mi atención.

De pie frente a mí, levantó las manos con las palmas vueltas hacia mí.

—Estas son tus dos fuentes de realización. Mi mano derecha representa tu relación con Dios; la izquierda representa tu competencia en el ministerio —me dijo—. Cuando comenzaste a servir al Señor, tu relación era joven y vibrante. Tenía que serlo, porque tu competencia era débil

—movió hacia arriba la mano derecha, de manera que quedara más alta que la izquierda.

Siguió hablando: —Pero con el tiempo, aumentó tu competencia —movió las dos manos, de manera que quedaran una junto a la otra—. En esa etapa, la realización que experimentabas a causa de tu competencia era aproximadamente igual a la que experimentabas por tu relación con el Señor.

Su mano izquierda se fue levantando por encima de la derecha.

—Muy pronto, tu competencia se hizo evidente ante todo el mundo. Nunca habías producido tanto para Dios. Pero tu caminar con Él comenzó a sufrir. Tu satisfacción decayó —hizo una pausa—. Bruce, aquí es donde te hallas ahora.

Me dijo que me hallaba en la etapa en la que la mayoría ponen más energía aun en lo que hacen, con la esperanza de recuperar la realización que sentían en el pasado. Pero esto no funciona por mucho tiempo. Algunos se van metiendo en aventuras amorosas, abandonan el ministerio, se echan atrás en su entrega de toda la vida.

—Bruce —me dijo—, el Señor te está diciendo: "Pon en el primer lugar tu relación conmigo". Es hora de que cambies de posición tus manos de nuevo. Si lo haces, vas a hallar el gozo que echas de menos ahora, y mucho más.

En menos de dos horas, George había llegado hasta el centro mismo de mi agonía: mi relación con Dios. Fue un momento difícil para mí, pero me abrió los ojos.

¿Le parece conocido algo en esta historia mía? Al recordarlo ahora, puedo poner lo que me estaba diciendo George en términos relacionados con la vid:

Estás dando una buena cantidad de fruto. No eres "levantado" en la disciplina. Y no se te está podando. Sin embargo, te sientes atrapado entre dos tensiones opuestas: un *anhelo creciente* por producir mayor fruto aun, y una *realización decreciente* en el fruto que ya estás produciendo.

Ahora, usted está listo para ese cuarto canasto, el que está tan lleno de suculentas uvas, que se desborda. Sin embargo, se siente frustrado, derrotado y en peligro de perder la cosecha de toda una vida.

George me detuvo. "Déjame terminar yo la historia de tu vida", me dijo.

Y no tiene idea de lo que debe hacer.

Cuando me levanté del sillón de cuero de George, ya había comprendido una verdad sencilla, pero amedrentadora: Dios no quería que hiciera más cosas *para Él*. Quería que estuviera más *con Él*.

Estaba listo para el secreto final de la viña.

El lugar donde usted se debe quedar

Después de ver a Dios actuar en su vida por medio del castigo y de la poda, tal vez pensará que es candidato ahora para el programa perfecto; quizá una complicada estrategia

tomada del Nuevo Testamento para multiplicar el crecimiento en sí mismo y en otros. Al fin y al cabo, si el fruto
equivale a las buenas obras, entonces seguramente el "mucho fruto" debe equivaler a muchas obras más.

*En cuanto a
permanecer,
siempre nos toca
movernos
a nosotros.*

Sin embargo, en sus observacio-
nes finales en la viña, Jesús apartó
por completo la atención de los discípulos de todo lo que fuera obras.
Me lo imagino inclinado hacia delante dentro del círculo de luz en
aquella noche primaveral. Lo veo
siguiendo las retorcidas curvas de
una vieja vid, y noto cómo se detie-
nen las puntas de sus dedos en el
lugar donde el gran tronco se divide en pámpanos.

"Permaneced en mí, y yo en vosotros", dice.

Entonces, dirige la atención de los discípulos al pámpano, cortado y atado al enrejado, y repleto ya con la
promesa de la futura vendimia.

*Como el pámpano no puede llevar fruto por sí mismo,
si no permanece en la vid, así tampoco vosotros, si no
permanecéis en mí.*

¿Comprenden sus amigos lo que está diciendo? ¿Acaso están atendiendo? Sus ojos recorren el círculo:

Yo soy la vid, vosotros los pámpanos; el que permanece en mí, y yo en él, éste lleva mucho fruto; porque separados de mí nada podéis hacer.

En estos momentos tan críticos, Jesús habla de lo que debe suceder a continuación; después de la disciplina para quitar el pecado, y de la poda para cambiar las prioridades.

Permaneced en mí...

Imagínese el punto donde el viejo tronco se encuentra con el vigoroso pámpano. Es el punto de encuentro; el lugar donde se produce este permanecer. He aquí la conexión por donde pasan las sustancias nutritivas de la savia para alimentar al fruto en desarrollo. La única limitación en cuanto a la cantidad de savia que llegue al fruto, está en la circunferencia del pámpano en el punto donde se encuentra con la vid. Eso significa que el pámpano que tenga con la vid la conexión más grande y menos obstruida, es el que más permanece, y va a tener el mayor potencial en cuanto a dar una gran cosecha.

Esta imagen nos lleva a la categoría final y más abundante de la fecundidad; al tercer secreto de la vid.

El TERCER SECRETO de la vid:

**Si su vida ya produce mucho fruto,
Dios lo va a invitar a permanecer con
Él a un nivel más profundo.**

Dios no tiene el propósito de que usted produzca más para Él, sino que quiere que tome la decisión de estar más con Él. Sólo a base de permanecer en Dios podrá usted disfrutar de la amistad más provechosa con Él y experimentar la mayor abundancia posible para su gloria.

Permanecer significa quedarse, mantenerse en una estrecha conexión, asentarse para mucho tiempo. Con esta imagen, Jesús les está mostrando a los discípulos que la conexión vital y continua con Él es la que va a determinar la cantidad de poder sobrenatural suyo que va a obrar en su vida.

En el espacio de seis versículos de Juan 15, Jesús repite diez veces el verbo *permanecer*. Se puede sentir la pasión y la urgencia de su súplica. Él sabe que está a punto de dejar a sus amigos, pero les está diciendo: "Tenemos que estar juntos". Sabe que en los años siguientes, estos hombres abatidos y asustados que están allí de pie con Él en la viña, van a ser llamados para que produzcan una cantidad de fruto milagrosa y nunca vista; suficiente fruto para volver el mundo al revés.

Y sabe que no pueden comenzar a lograr esta clase de impacto para la eternidad sin aquello que tendrán mayor tendencia a olvidar: más de Él.

Los misterios del permanecer

"Permaneced", dice Jesús. No se pierda este mandato. *Permaneced* es un imperativo; no una sugerencia ni una petición. A los niños no hay que mandarles que coman postre. Se le manda a alguien que haga algo, porque no lo va a hacer de manera natural.

En las épocas de castigo y de poda, el Labrador es el activo. Busca. Tiene la iniciativa. A nosotros nos toca responder. Pero en el permanecer, vemos un cambio de ciento ochenta grados en cuanto al iniciador del movimiento hacia la fecundidad a su más alto nivel. Para permanecer, somos nosotros los que debemos actuar.

Así que, a pesar de que permanecer no consiste en hacer más, si queremos experimentarlo, debemos hacer *algo*, y este esfuerzo no va a ser fácil. En esto de permanecer, nos toca a nosotros movernos.

Sin embargo, observe que no podemos llevar mucho fruto nosotros solos. "El pámpano no puede llevar fruto por sí mismo... porque separados de mí nada podéis hacer" (vv. 4-5). Imagínese un pámpano cortado del tronco y tirado en el polvo del suelo. A este pámpano cortado le va a ser imposible producir ni siquiera una sola hoja, flor o uva nueva.

Jesús dice después: "El que en mí no permanece, será echado fuera como pámpano, y se secará; y los recogen, y los echan en el fuego, y arden" (v. 6).

Estas palabras suenan catastróficas, pero Jesús no está amenazando con el infierno a los pámpanos estériles. A diferencia del olivo, cuya madera ha tenido muchos usos desde tiempos muy antiguos, la vid produce una madera quebradiza y escasa. Ezequiel escribe: "¿Tomarán de ella [de la vid] madera para hacer alguna obra?... He aquí, es puesta en el fuego para ser consumida" (Ezequiel 15:3-4). Jesús está presentando la idea de una forma dramática. Si no permanecemos, nos secamos y morimos, y dejamos de tener utilidad espiritual alguna.

Por último, observe la promesa implícita para el pámpano que sí permanezca. Si usted permanece conectado a Él, si saca de Él su alimento espiritual, si permite que el poder que fluye a través de Él fluya también por todo su ser, nada va a poder impedir que alcance la vida más abundante que le sea posible.

LA URGENCIA DEL MOMENTO

—El próximo paso te toca a ti —me dijo George aquel día, mientras me preparaba para regresar a casa. Pero me hizo una advertencia: A menos que mi amistad con Dios se convirtiera en mi prioridad más alta, me predecía que nunca cumpliría con mi verdadero destino como cristiano o como líder.

—Solo vas a sentir durante un tiempo que Dios te está llamando —me dijo—. Tu crisis de infelicidad es muy importante. Si no sales adelante ahora, tal vez nunca lo logres.

Aquella noticia era muy grave. Allí estaba yo, sintiendo que el trabajo de toda mi vida ya no me hacía sentir realizado, *pero que no debía trabajar directamente en el problema.* En lugar de hacerlo, necesitaba dejarlo todo de lado y centrarme en otra cosa; algo que se me hacía mucho más difícil, algo que parecía infinitamente más evasivo.

Tal vez se estará preguntando por qué alguien que es maestro de Biblia y líder de una gran organización cristiana pueda haber dejado que su relación con Cristo se deslizara a un segundo lugar. Para serle sincero, yo me preguntaba lo mismo. ¿Hacer de la intimidad con Cristo mi *principal* prioridad? Ya

"Solo vas a sentir durante un tiempo que Dios te está llamando", me dijo.

oraba y leía la Biblia todos los días. Entonces, ¿qué andaba mal?

Cuando llegué a casa después de visitar a George, estaba decidido a hallar la respuesta.

8

Vivir en
la Presencia

Cuando llegué a casa de vuelta de mi reunión con George, hice tres sencillos compromisos con el Señor para el año siguiente. Esto es lo que iba a hacer:

- Levantarme a las cinco todos los días para leer la Biblia.
- Escribir una página entera en un diario espiritual.
- Aprender a orar y a buscarlo a Él, hasta que lo hallara.

Recuerdo todavía la primera línea de mi primer diario espiritual: "Amado Dios, no sé qué decirte".

Un día tras otro, miraba lo que había escrito. En cada página veía la verdadera razón de que mi agitada vida cristiana me dejara un sabor tan insípido en la boca: me había convertido en un experto en servir a Dios, pero de alguna forma me las había arreglado para seguir siendo un novato en cuanto a ser amigo suyo.

Pero seguí adelante. A mediados del segundo mes, las cosas comenzaron a cambiar. Era como si una grandiosa Presencia entrara a mi habitación en aquella hora temprana y se sentara cerca de mí. Las incoherentes anotaciones del diario se convirtieron poco a poco en confesiones personales para Aquel que me escuchaba. Su pasión por mí, sus propósitos con mi vida —no solo con la idea de mi vida, sino con aquel día, aquella hora y aquel minuto en particular— comenzaron a brotar de las páginas de mi Biblia.

Eso sucedió hace más de quince años. Los placeres del permanecer —y sus extraordinarios beneficios— han definido de nuevo el alcance y el impacto de la obra de Dios a través de mí. Veo fruto dondequiera que me vuelvo. Sin embargo, ni una sola uva es producto de que yo haya trabajado más duro.

Le aseguro que no poseo ningún conocimiento especial en estas cuestiones; hay generaciones de discípulos maduros que han ido por delante de mí en este camino. No obstante, que yo sepa, la gran mayoría de los hijos de Dios viven hoy ignorantes de la promesa y la práctica de este permanecer. Como consecuencia, no alcanzan el nivel de "mucho fruto" representado por el cuarto canasto desbordante.

Tal vez usted se encuentre dentro de esa mayoría. No está seguro de cómo se produce en realidad una experiencia espiritual desbordante. Y quizá se pregunte: "¿Cómo es posible que con solo permanecer sea suficiente para subir a los niveles más altos de fecundidad?" Oro para que en las próximas páginas usted encuentre las respuestas.

La persona con la que se permanece

Este permanecer se relaciona con la amistad más importante de nuestra vida. No mide lo mucho que usted sepa sobre su fe o su Biblia. Al permanecer, usted busca, escudriña, siente sed, espera, ve, conoce, ama, oye y reacciona ante... *una persona.* Permanecer más significa más de Dios en su vida; más de Él en sus actividades, pensamientos y anhelos.

Era como si una grandiosa Presencia entrara a mi habitación en aquella hora temprana y se sentara cerca de mí.

En nuestra agitación al estilo occidental por hacer y rendir para Dios, muchas veces fallamos en la tarea de limitarnos a disfrutar de su compañía. No obstante, fuimos creados para sentirnos insatisfechos e incompletos cuando tenemos menos que esto. En palabras del salmista: "Como el ciervo brama por las corrientes de las aguas, así clama por ti, oh Dios, el alma mía" (Salmo 42:1).

Si sentimos una necesidad tan profunda y constante de esta relación, ¿por qué tan pocos de nosotros la buscan fervientemente? Estoy convencido de que una de las razones principales es que *en realidad no creemos que le agrademos a Dios.* Por supuesto, creemos que Él nos ama, en un sentido teológico ("Dios ama a todo el mundo, ¿no es cierto?"), pero no sentimos que *le agrademos* de manera particular. Estamos convencidos de que recuerda todas las cosas malas que hemos hecho en el pasado, y juzga enseguida lo que estamos haciendo ahora. Damos por sentado que es impaciente, que está ocupado con cosas más importantes, y que se resiste a pasar tiempo con nosotros.

¿Qué ganas va a tener nadie de pasar tiempo con una persona que se siente así con uno?

Si usted fuera a hacer una lista de las cualidades de su mejor amigo, supongo que va a anotar cosas como "Me acepta", "Siempre tiene tiempo para mí", y "Siempre salgo de su presencia animado". Lo que usted valora en su mejor amigo es precisamente lo que Dios le ofrece. Él es digno de confianza y paciente. Cuando lo mira a usted, no trae a la mente los pecados que usted le ha pedido que le perdone. Solo ve a un hijo amado; a un digno heredero.

Y este Dios —su Amigo— quiere permanecer con usted más de lo que usted quiere permanecer con Él. Jesús dijo: "Como el Padre me ha amado, así también yo os he amado; permaneced en mi amor" (Juan 15:9). ¿Captó esto? *¡Permaneced, deleitaos, hallar el amor verdadero "en mi amor"!*

Si habitáramos de verdad en su amor, saldríamos de allí sintiéndonos tan fortalecidos, tan amados, tan aceptados, que nos apresuraríamos a volver a Él cada vez que nos fuera posible.

Los principios del permanecer

Cuando comience por la Persona con la cual va a permanecer, y se dé cuenta de lo mucho que lo ama, y quiere compartir con usted su vida, habrá dado el paso más importante hacia la práctica de este permanecer.

Piense de nuevo en el lugar donde se encuentran la vid y el pámpano. ¿Por qué nos habría de dar Jesús la imagen de un ser vivo cuya fuerza vital —la savia— se encuentra misteriosamente escondida a la vista? Una de las razones podría ser que,

Estoy convencido de que en realidad no creemos que le agrademos a Dios.

en el permanecer, lo que sucede en la superficie no cuenta; lo que cuenta es lo que está pasando dentro. El permanecer comienza con unas disciplinas espirituales visibles, como la lectura de la Biblia y la oración. Sin embargo, tal vez le sorprenda descubrir que *podemos hacer estas cosas durante años, sin permanecer.* Al fin y al cabo, leer un libro acerca de una persona no es lo mismo que conocer a la persona que escribió el libro. El reto que hay en permanecer es siempre el de abrirse paso desde las actividades movidas por el deber hasta una relación viva y floreciente con Dios.

Annie, madre de cuatro hijos, me escribió hace poco para hablarme de su descubrimiento:

> Ya no me limito a leer la Biblia o hacer peticiones. Lo escucho a Él, medito en su Palabra, escribo lo que oigo que me dice. Trato de hacer que esos momentos sean tan sinceros, profundos e íntimos como sea posible. Cuando comencé a dedicar momentos a mis devociones personales, era como si me estuvieran marcando mi tarjeta de horario en el cielo: "Sí, aquí estuvo. Y nada menos que diez minutos". Últimamente, me he tenido que alejar a la fuerza de allí.

Veo dos principios que le van a ayudar a descubrir el tipo de experiencia que describe Annie. Ambos tienen que ver con su forma de utilizar el tiempo.

Primer principio: Para abrirme paso hasta el permanecer, tengo que profundizar la calidad de mis momentos de devoción con Dios.

Observe que no dijo "tiempo de devocional". Esto podría indicar que la razón de ser de esos momentos con Dios es hacer sus devociones. Uso la palabra *devoción* en el sentido bíblico de algo que ha sido apartado para Dios. En el Salmo 27, David expresa su anhelo de pasar este tipo de momentos con Dios:

> *Una cosa he demandado a Jehová,*
> *ésta buscaré;*

Que esté yo en la casa de Jehová
  todos los días de mi vida,
Para contemplar la hermosura de Jehová,
y para inquirir en su templo. (v. 4)

Todas las sugerencias prácticas que siguen son desti-
nadas a ayudarle para que cree y disfrute momentos "apar-
tados" con la Persona de Dios.

Aparte el tipo de momentos que van
a edificar una relación.
Algunos cristianos que conozco tra-
tan de tener sus momentos personales significativos con Dios inmedia-
tamente antes de acostarse, pero aún
no he encontrado un líder espiritual
respetable en toda la historia que
tuviera sus devociones por la noche.
A menos que usted se levante tem-
prano, es poco probable que se abra paso hasta una relación
más profunda con Dios. Aparte un momento importante y
un lugar privado donde pueda leer y escribir con comodidad, pensar, estudiar, hablar con Dios en voz alta, y llorar
si es necesario.

En el permanecer,
lo que sucede en
la superficie no
cuenta; lo que cuenta
es lo que está
pasando dentro.

Saboree las palabras que Dios le dirija.
Cuando lea la Biblia, recíbala y saboréela como si fuera
comida, como un tesoro, como una carta de amor de Dios para

usted. Recuerde: está leyendo para encontrarse con Alguien. Medite en lo que ha leído, y aplíquelo a sus circunstancias actuales. Deje que penetre hasta el centro mismo de su ser. Y mientras lee, espere que Él establezca una comunión con usted. Pablo aconseja: "La palabra de Cristo more en abundancia en vosotros" (Colosenses 3:16).

Háblele a esa Persona y escúchela.
Con demasiada frecuencia, cuando nos ponemos a orar, tratamos a Dios como si fuera una especie de fuerza mística "situada en el espacio". Pero Dios quiere que usted le hable como hablaría con un amigo. Quiere oír sus peticiones, sus preocupaciones, su alabanza y su agradecimiento. Arriésguese a ser sincero, y espere los criterios de Él como respuesta. Tómese su tiempo para permanecer tranquilo ante Él. Decídase a buscar al Señor hasta hallarlo.

Mantenga un registro diario escrito de lo que Dios está haciendo en su vida.
Le recomiendo que mantenga un diario espiritual; no un diario sobre sus actividades, ni un intento literario, sino un registro vivo de su caminar personal con Dios. Comparta con Él sus desilusiones, celebraciones y confusiones. Pídale sabiduría... y deje en la página su petición hasta que reciba dirección de parte de Él. Sígales el rastro a sus respuestas. Creo que los hombres en particular necesitamos un instrumento como este tipo de diario para llevar

una sensación de realidad a nuestra relación con ese Dios invisible.

Recuerde que estas sencillas prácticas reciben el nombre de disciplinas, porque exigen esfuerzo. Pero la recompensa bien lo vale.

Segundo principio: Para abrirme paso hasta este permanecer, necesito ampliar mi tiempo de devoción, llevándolo desde una cita matutina hasta un mantenerme atento todo el día a su presencia.

Son demasiados los que dejan a Dios en su estudio, o junto a su silla favorita, y siguen adelante con la vida. Pero las lecciones de la viña nos muestran que es posible *mucho más.*

Un día acerté a encontrar en una biblioteca una litografía de una viña legendaria situada en la rocosa falda de una colina, a gran altura sobre el valle del río Rin, en Alemania. La ilustración presentaba vides que habían estado produciendo abundantes cosechas durante generaciones. Un grabado insertado en la ilustración presentaba una de esas vides. Salía del suelo tan gruesa como la trompa de un elefante. A lo largo de toda la fila, colgaban enormes racimos de uvas bajo la ligera cubierta de las hojas.

A menos que usted se levante temprano, es poco probable que se abra paso hasta una relación más profunda con Dios.

Durante años, la gente se preguntaba cómo podían prosperar esas vides en un ambiente tan inhóspito. Un texto que acompañaba a la litografía lo explicaba: "Se han podido seguir las raíces de estas plantas tan antiguas hasta el río distante".

Ese viejo viñedo me recuerda que siempre puedo estar "presente" con Dios, sin que importe lo que se agite a mi alrededor. Dios invita a cada uno de nosotros a estar en contacto *continuo* con sus propósitos y su poder.

El hermano Lorenzo, lego del siglo XVII que trabajaba en la cocina de un monasterio, describía su práctica de la presencia de Dios: "No hago otra cosa más que permanecer en su santa presencia, y esto lo hago limitándome a estar atento, y a tener el hábito de volver amorosamente los ojos hacia Él. A esto lo llamo... una conversación secreta y sin palabras que ya no cesa nunca entre el alma y Dios".

¿Cómo puede funcionar esto en la vida de una persona atareada? Annie comparte su experiencia:

Estoy guardando los comestibles, y los niños andan retozando y gritando por toda la casa con las bolsas en la cabeza. Podré estar un poco agotada, pero por dentro estoy diciendo: "Jesús, tú estás aquí conmigo, en mí y a mi alrededor. Gracias por estos comestibles, y por esos niños tan bulliciosos". No siempre lo logro, pero trato de llevarme a Jesús conmigo dondequiera que voy. Andamos siempre juntos.

Superación de las barreras al permanecer

Si permanecer es la clave de una abundancia ilimitada, ¿por qué hay tan pocas Annies? Creo que la respuesta va más allá de la pereza o la indiferencia. A muchos nunca se les ha enseñado lo que significa permanecer. Otros tienen el obstáculo de unos conceptos erróneos dañinos, como la idea de que en realidad, no le agradan a Dios. Hay dos conceptos erróneos más que impiden que las personas buenas alcancen las riquezas del permanecer.

Primer concepto erróneo: El permanecer se basa en los sentimientos.

La comunión con Dios es una relación; no una sensación. Esto le va a dar un inmenso alivio, si usted piensa que es necesario que tenga una fuerte emoción, o que sienta algo cuando pasa momentos con Dios. No siempre será así, y no es necesario.

Esto lo comprendemos en nuestro propio matrimonio y en otras amistades significativas. Mi amor por Darlene es constante, pero mis sentimientos hacia ella son muy diferentes durante una discusión o durante una cena a la luz de un par de candeleros. No medimos la profundidad de nuestra relación por los sentimientos que tengamos en un momento dado.

La comunión con Dios es una relación; no una sensación.

Permanecer es un acto de fe; una expresión radical de que usted valora la presencia sin restricciones de Dios en su vida, más que cualquier sensación inmediata. Si usted piensa que siempre debe tener fuertes sentimientos para saber que ha estado con Dios, se marchará desilusionado de sus momentos de devoción. Al cabo de poco tiempo dirá: "Esto de permanecer no funciona para mí".

Segundo concepto erróneo: Podemos permanecer en Jesús sin obedecerle.
Jesús les dijo en la viña a sus amigos: "Si guardareis mis mandamientos, permaneceréis en mi amor" (Juan 15:10). Podríamos parafrasear de esta forma lo que está diciendo: "Si quieren permanecer conmigo, tendrán que ir donde yo voy. Cuando vayan por su propio camino, van a tener que ir solos".

La desobediencia siempre crea un rompimiento en nuestras relaciones con Dios. Podremos disfrutar de una experiencia emocional en la adoración del domingo, pero si buscamos un estilo de vida pecaminoso durante el resto de la semana, nunca lograremos permanecer.

Más por menos
Si usted se parece en algo a mí, ya en estos momentos estará batallando con las matemáticas básicas del permanecer. Tal vez parezca un poco sospechoso, como esos anuncios de la televisión donde se promete más carne de res por menos dinero. Usted se estará preguntando cómo

trabajar menos *para* Él a fin de pasar más tiempo *con* Él puede dar como resultado "mucho fruto" en su vida.

Una de las razones es que cuando uno permanece, Dios lo recompensa sobrenaturalmente, multiplicando sus esfuerzos. Yo he experimentado esto de manera directa tantas veces, que no las puedo contar. Pero hay otras razones por las cuales el tercer secreto de la vid —*permanecer más, haciendo menos*— nos lleva a unos resultados mayores para Dios. Tienen que ver con los beneficios del permanecer; lo que nos sucede a nosotros, y sucede a través de nosotros, cuando lo practicamos con constancia.

El permanecer nos ayuda a sentir la dirección del Señor. Aprendemos a reconocer el "silbo apacible" de Dios (1 Reyes 19:12) y familiarizarnos con sus maneras de hacer las cosas. Nos ayuda a lograr más para Él, porque estamos mejor sintonizados con sus directrices.

El permanecer nos ayuda a aprovechar las riquezas espirituales de Dios. Como vimos en la ilustración de la viña alemana, cuando permanecemos, podemos aprovechar profundamente los recursos de Dios. Los discípulos aprendieron este principio, y esto se hizo evidente mientras sanaban y predicaban. En Hechos 4:13 leemos: "Entonces viendo el denuedo de Pedro y de Juan, y sabiendo que eran hombres sin letras y del vulgo, se maravillaban; y les reconocían que habían estado con Jesús". Cuando permanecemos, estamos "con Jesús" y Él nos llena de su Espíritu y su poder.

El permanecer nos da el "descanso" que necesitamos para producir una cosecha mucho mayor. Cuando pasamos momentos de intimidad con nuestro Salvador, nos sentimos fortalecidos y refrescados para hacer su obra.

El permanecer lleva consigo la promesa de una respuesta a la oración. Jesús dijo: "Si permanecéis en mí, y mis palabras permanecen en vosotros, pedid todo lo que queréis, y os será hecho. En esto es glorificado mi Padre, en que llevéis mucho fruto" (Juan 15:7-8). Más tarde, en el versículo 16, repite la promesa, y de nuevo está directamente relacionada con la misión que tienen los discípulos de dar fruto.

Por el milagro de su vida en nosotros y con nosotros, alcanzaremos nuestros mayores logros.

Nada agrada más a Dios que cuando le pedimos lo que Él nos quiere dar. Cuando pasamos momentos con Él, y permitimos que sean sus prioridades, pasiones y propósitos los que nos motiven, le vamos a pedir aquellas cosas que están más cercanas a su corazón.

Uno para el libro de los récords

Por el milagro de la vida de Dios en usted y con usted, va a ver fruto en su vida en una cantidad, y de un tamaño tales, que se quedará asombrado, y *sabrá que usted no ha tenido nada que ver con aquello.*

Sin duda, el símbolo más asombroso de la abundancia en el Antiguo Testamento es esta descripción de lo que hallaron los espías en la Tierra Prometida: "Y llegaron hasta el arroyo de Escol, y de allí cortaron un sarmiento con *un racimo de uvas, el cual trajeron dos en un palo*" (Números 13:23, cursiva del autor). ¿Ha oído hablar alguna vez de una cosecha tan sorprendente?

Amigo, tenga siempre presente esa descripción de la abundancia sobrenatural, porque es el retrato de la fecundidad que Dios tiene reservada para usted.

9

GOZOSA

ABUNDANCIA

*N*uestra historia cambia de escena ahora, pasando de aquella noche en la viña, a un amanecer en Galilea, varias semanas más tarde. Las olas murmuran en una pedregosa orilla, y la neblina se cierne sobre la superficie del lago.

No muy lejos de la orilla, Pedro y varios discípulos más están trabajando con sus redes, cuando oyen que alguien los llama desde la orilla.

—Amigos, ¿tienen algo de pescado?

El pescador responde:

—¡No! —ha sido una larga noche en la que no han pescado nada.

Oyen de nuevo la voz:

—Echen la red a la derecha de la barca, y van a hallar pescado.

Usted conoce bien esta historia, que está en Juan 21, ¿no es cierto? Sabe que, al parecer sin titubear, los hombres que estaban en aquellas maltrechas barcas recogieron sus redes y las lanzaron al otro lado. Muy pronto estaban sacando una pesca que estaba a punto de romper las redes, así que supieron con certeza absoluta quién era aquel hombre que estaba en medio de la neblina.

—Es el Señor —le dijo Juan a Pedro.

Y usted sabe lo que Pedro hizo después. En su mente, podrá ver que Pedro mira hacia la orilla. Lo ve soltar la red, poner el pie en la proa de la barca, y dar un hermoso y ágil salto hacia las aguas de la gracia.

Todas las palabras de este libro llevan el propósito de ayudarlo a usted a dar ese salto. Cuando Pedro saltó, dejó atrás para siempre sus pequeños sueños sobre el éxito. Dejó atrás sus dudas acerca de los planes de Dios para él, y su obstinada insistencia de que las cosas debían salir de acuerdo a sus expectaciones. Dejó atrás toda idea de que sus pecados pesaban más que el perdón de Dios.

Aquel impulsivo salto marcó el momento en que Pedro se abrió paso hacia una vida de notable abundancia. Leemos acerca de ella en el libro de los Hechos, en el que Dios lo usó como primer líder de la Iglesia naciente, para predicarles a miles, y para llevar la sanidad y el Espíritu Santo. La vemos de nuevo en sus ardientes cartas, tan llenas de una pasión que él llamaba "gozo inefable y glorioso" (1 Pedro 1:8).

¿Se halla usted precariamente detenido en un momento de lanzamiento en su vida? ¿Escucha una voz que lo llama? Es el Señor.

Espero que salte.

Hombre pequeño, cosecha grande

Si usted ha leído el primer libro de esta serie, se habrá encontrado con otra persona que dio también un salto extraordinario. Se llamaba Jabes. En lugar de saltar desde el costado de una barca, Jabes (cuyo nombre significa "angustia") se arrodilló en medio del polvo de una vida común y corriente para hacer una atrevida oración en la que pidió abundancia. En 1 Crónicas leemos:

> *E invocó Jabes al Dios de Israel, diciendo: ¡Oh, si me dieras bendición, y ensancharas mi territorio, y si tu mano estuviera conmigo, y me libraras de mal, para que no me dañe! Y le otorgó Dios lo que pidió.* (4:10)

Allí aparecen más de quinientos nombres, y solo el de Jabes recibe este comentario tan especial. ¿Por qué? Yo creo que su pequeña oración resume en pocas palabras lo que significa dar con toda intensidad un salto a la vida de fecundidad que Dios quiere para sus hijos.

El epitafio de Jabes podría decir así:

> *Aquí yace Jabes,*
> *nacido en el dolor,*
> *muerto con honor,*
> *porque se atrevió*
> *a pedirle a Dios*
> *lo que Dios más le quería dar.*

Le puedo informar que más de tres mil años después, Dios sigue respondiendo a la oración de Jabes de unas maneras asombrosas. Hoy hay en el mundo entero millones de cristianos que están aceptando el reto de Jabes porque quieren dar más fruto en su vida para la gloria de Dios. Como Jabes, estos creyentes están orando a diario para pedir la bendición de Dios, para tener más influencia a favor de Él, para que su mano de poder esté sobre ellos, y para que los proteja del mal.

No se pierda la relación que hay entre la oración de Jabes y los secretos de la vid: Su oración de Jabes invita a Dios a usarlo para que dé fruto; los secretos de la vid le revelan cómo Dios lo va cambiando, a fin de que se vuelva más útil aun (fecundo) para su gloria.

El mensaje de *Secretos de la vid,* como *La oración de Jabes*, se fundamenta en una afirmación sencilla, pero profunda: la de que liberamos el cambio en nuestra vida y en nuestro mundo cuando tomamos la decisión de hacer la voluntad de Dios a la manera de Dios... y todo comienza cuando se lo pedimos.

El rostro de su Padre

Hay un momento memorable en el clásico estadounidense de John Steinbeck llamado *Las uvas de la ira.* Se acerca una tormenta de polvo, y una familia campesina de Oklahoma se ha reunido en el frente de su casa para observarla. Los hombres de la familia, que son los que trabajan el campo, miran al horizonte, preguntándose en silencio qué posibilidades tendrán de escapar al desastre. Los niños, agarrados a las rodillas de sus padres, miran también al horizonte. Pero las mujeres solo observan el rostro de los hombres. Lo que realmente les interesa a ellas, lo pueden hallar escrito en esos rostros.

¿Ha visto usted el rostro de su Padre últimamente? No puedo pensar en ninguna otra cosa que le pueda decir más acerca de su estado presente, o de lo que le espera en el futuro. Permítame describir lo que veo:

Si se halla en un momento de disciplina, el Labrador está arrodillado junto a usted en el fresco de la mañana. Está inclinándose para intervenir en su vida, levantarlo y devolverle su fecundidad. La mirada de su rostro muestra preocupación y tristeza; no repugnancia ni irritación; ni siquiera ira. No ve en usted a un perdedor crónico, sino a un pámpano escogido y meticulosamente cuidado, apartado de una existencia totalmente mejor por una sola decisión que debe tomar.

Si se halla en el momento de la poda, el Labrador se halla de pie junto a usted, bajo el sol del mediodía. Lleva consigo unas podaderas de serio aspecto, pero no se siente molesto. De hecho, su semblante indica agrado y expectación. Mientras corta a conciencia los brotes indeseados, se siente impresionado con su energía y su prometedor aspecto. Puede prever el tiempo en que usted reaccione con fe ante la prueba que Él ha puesto hoy delante de usted.

Si se halla en el momento de permanecer, veo al Labrador recostado contra un enrejado cercano, mientras el sol se va poniendo, y con el sombrero echado hacia atrás. Está mirando su pámpano con agrado, satisfacción y gozo. Su momento favorito del día consiste en estar allí cerca de usted, disfrutando de su hermosura. Los inmensos racimos que llenan su pámpano son exactamente lo que Él tenía en mente para usted desde que brotó su pámpano.

Ahora que sabe que Dios siempre está obrando en su vida, y ve reflejado en su rostro el amor por usted, nunca más tendrá motivo para tener una comprensión errónea de sus caminos.

Cuidado con el ladrón de uvas

Por supuesto, los malentendidos y los recelos son precisamente lo que quiere su enemigo. Por medio de sus recursos de duda, desconfianza, desánimo y engaño, Satanás intenta obstaculizar o robar a cada paso su cosecha e impedir que alcance un grado mayor de fecundidad.

Tenga en cuenta estos importantes recordatorios para que pueda proteger la cosecha de buenas obras para Dios en su vida:

Dios lo puede usar, cualquiera que sea la época en la que usted se encuentre. De hecho, aunque hay una época que predomina en un momento dado, sucede que estas épocas se superponen unas a otras. El enemigo lo quiere desalentar y confundir. Por eso le dirá que mientras no llegue al nivel siguiente, puede estar seguro de que Dios no lo escogerá para usarlo en nada de importancia. Pero Dios sí lo puede usar, y lo va a usar, cualquiera que sea la época en la que usted se encuentre. Jesús usó a sus discípulos para predicar el reino, e incluso hacer milagros, mientras ellos eran aún inmaduros en su fe.

Los planes de Dios para usted son exclusivos, y especialmente adecuados para lograr su éxito. Cada pámpano exige una atención especial, porque el Labrador conoce nuestras necesidades personales y nuestra manera de reaccionar. No compare su progreso con nada ni con nadie, sino con la misericordiosa voluntad de Dios sobre usted.

Nunca es demasiado tarde para comenzar a dar fruto. El ladrón de uvas trata de convencernos a los cristianos de que hemos perdido nuestra oportunidad de responderle al Labrador. Sin embargo, aunque Dios quiere de cada uno de nosotros que le responda ahora mismo, va a seguir detrás de nosotros durante toda nuestra vida.

Puede descansar en la forma soberana en que Dios maneja el tiempo. Si en estos momentos usted es principalmente disciplinado o podado, es posible que el enemigo trate de desalentarlo haciéndole ver lo poco que produce. Permanezca firme en el conocimiento de que Dios ya le tiene preparada una vida llena de sentido, y que Él es fiel para convertirla en realidad (Filipenses 1:6).

Recuerde el don del gozo. Su enemigo le va a señalar el dolor de la disciplina, las pérdidas causadas por la poda y la frustración y el esfuerzo asociados con el permanecer, y va a tratar de convencerlo de que el plan de Dios para usted es una manera de convertirlo en un desdichado. Pero recuerde la maravillosa promesa de Jesús a sus discípulos aquella noche en la viña: "Estas cosas os he hablado, para que mi gozo esté en vosotros, y vuestro gozo sea cumplido" (Juan 15:11). Como demostraron los discípulos en los años siguientes, esa promesa del gozo cumplido es una realidad sobre la cual uno puede edificar su vida.

El anhelo más profundo de un discípulo

Siempre me he sentido feliz de que Pedro haya nadado *hacia* el Señor al que tan poco tiempo atrás había negado. La silueta de aquel pescador tirándose al agua desde la barca es una imagen inolvidable del anhelo de Dios que lleva dentro todo discípulo durante su vida.

Pienso que Pedro, mientras nadaba el largo tramo que había hasta la orilla, o tal vez antes, recordaría su primer encuentro con Jesús (mencionado en Lucas 5). También en aquella ocasión, Jesús les había dicho a él y a sus socios en la pesca dónde tenían que tirar las redes. Entonces también, habían pescado tanto, que sus redes se habían comenzado a hundir. Después de que los hombres llevaran su pesca a la orilla, Jesús le había dicho a él: "Desde ahora serás pescador de hombres" (v. 10).

Tal vez cuando estaba ya tan cerca de la orilla que veía el rostro de su Señor, había podido establecer por fin la relación...

Pescar hombres.

Dar fruto.

Verá. Muchos días después de sus "palabras finales" en la viña, Jesús seguía con la misma conversación, tratando aún de presentarles a sus seguidores la misma gran imagen de la abundancia, usando esta vez el símbolo del pescado, en lugar de las uvas:

¿Tiene abundancia? Usted fue creado para la misión de rendir abundantemente para Dios durante toda la vida. Pero solo, no podrá realizar la obra del reino de su Padre.

¿Quiere más abundancia? Siempre es posible más, pero va a tener que hacer algo opuesto a lo que hace ahora. Va a tener que cooperar con Dios, y responderle con obediencia y confianza.

Cualquiera que sea la época en la que usted se encuentre en cuanto a dar fruto, tengo la esperanza de que, cuando le mire al rostro a su Padre, vea lo que Pedro vio cuando salió del lago aquella mañana, mojado y lleno de esperanza.

Vio un desayuno de misericordia esperándole, y un futuro tan grande como el amor de Dios.